靈鷲山2009弘法紀要

轉動　慈悲　觀自在

如何明見造

物者的本心

庚寅 心道

導言介紹

「造物者的本心是什麼」？「我們如何明見」？「誰是造物者」？反思教團這一年所努力的一切、所發生的一切，我們為世界人類付出了什麼？為社會貢獻了什麼？為家庭做了什麼？為自己又做了什麼？是否吻合佛陀的教導？是否依循菩薩的行徑？是否明白師父的啟發？這些反思將是來年靈鷲山教團茁壯的內在力量。

今年二十一日精進禪閉關，拿到這一本書的初稿，許多這一年發生過的事情在我眼前流轉：萬人禪修時大眾齊聚大安森林公園共享禪修的靜謐時刻；隨心道師父參觀波蘭集中營時，師父對過去歷史傷痕的悲憫與祈願；南台灣面臨無情洪災的肆虐時，靈鷲人如何發起賑災捐款並前進災區撫慰受傷的心靈，年底的墨爾本世界宗教大會，師父帶領弟子在台上為世界祈福⋯⋯，太多太多影像重新顯現在眼前，在此刻得到了一個完整的梳理與重現；也再一次的重回當時大眾努力過程的感動。

的確，這正是我們編纂集結《轉動・慈悲・觀自在》的目的。「凡走過必留下痕跡」，這本書記載了2009年靈鷲山發生的點點滴滴，也記錄了靈鷲人實踐菩薩道的感動與榮耀。通過這些圖片與文字，我們看到了靈鷲人的付出與貢獻，也看到靈鷲人的團結與熱忱。

有我們敬愛的師父充滿慈悲睿智的開示，以及靈鷲人在各種不同層面實踐佛法的具體事蹟。通過這本年鑑，我們所要記錄、感受與傳達的，不是一件件發生過的流水帳式的「事」，而是隱含在這些事情背後一顆顆的「真心」：像是小朋友參與活動時童稚的臉上，天真燦爛的笑容；禪修體驗者在聆聽寂靜時，所展現的和諧寧靜；師兄師姐在參與活動時的虔敬與熱情等等。在這些

大大小小事情的背後，我們看到的是慈悲如何落實在我們各式各樣的活動中；看到的是禪的安詳寧靜，如何被呈現在我們的日常生活中；看到的是一顆顆善良的種子，如何在師父的教化之下，發芽成長。通過啟發自我的覺性，凝聚成一股沛然莫之能禦的力量奉獻於社會。也讓教團「傳承諸佛法、利益一切眾」的使命，通過這些無可磨滅的印象，在我們生命中串成了共同的記憶，並由此緊密的結合在一起。

感恩一切陪我們走過這一段歲月的菩薩大德，每一次緣起，都是覺性的相遇，都是慈悲的共鳴，都是「慈悲與禪」的具體落實，就像師父所說的「在慈悲中直顯本來，法爾如是，本來如儀。」回顧過去一年，我們會發現，在過去一年裡，我們真的完成了不少值得我們自豪的事；當然，在世界各地還有更多事情等著我們繼續去推

動、落實，這是我們要相互期許、勉勵的。

泰國內觀高僧讚念長老說：「靈鷲山一定可以傳承五千年，因為這裡保留的都是佛法的寶藏。」這些寶藏，不只是因為靈鷲山鍾靈毓秀，還包含從這裡產生緣起的種種人事物；從師父、法師、到護持靈鷲山的信眾弟子，以及參與、響應靈鷲山活動的朋友，是大家的發心與願力，共同成就了靈鷲山佛法的寶藏。

願以這本《轉動‧慈悲‧觀自在》，讓千百年後的靈鷲人，依舊記得今日的緣起。

了意法師

目錄 CONTENTS

總論

楔子

靈鷲山無生道場自1984年開山以來，迄今已逾二十六年。「靈鷲山」一名來自古國印度，二千五百年前佛陀在靈鷲山宣說大乘經典、傳授禪宗心法，是為佛法弘傳的重要據點。當代靈鷲山，由尋找靜地做斷食禪修閉關的心道師父所擘建。因山中奇石多似鷲首，昂揚凌空，與印度靈鷲山的山勢神似，故予名靈鷲山；取名為「無生道場」，示現本來真如，無生無滅；亦寓傳承、敷演佛法聖山之意。

開山迄今，從一位獨修苦行的師父，兩三位護關的弟子開始，一間就地撿拾石塊搭成的小屋，在自然壯闊、純樸寧靜的山海之巔，靈鷲山教團雛型漸成。1985年心道師父閉關結束，由精

進了脫的自我修持，轉而發下悟道利生的宏願；二十多年來，弘法的因緣與行腳，足跡遍及世界各地，教團志業含括許多不同面向，包括心道師父長期推動的華嚴聖山理念、佛教教化的三乘佛學院等教育志業、利生關懷的弘法事業、宗教和平的世界宗教博物館，以及傳遞愛與和平的GFLP組織。為現代社會提供了一處安頓身心的角落，更為世界示現推動「生態倫理、和平教育」的華嚴聖地。

回顧2009年

由心道師父自身禪修體悟的帶領下，靈鷲山成為一個實證的道場，涵養著一種修行的生命；除此之外，並結合了自開山以來，「傳承諸佛法，利益一切眾」的大悲願力，逐步發展出「慈

悲與禪」的宗脈風格。時至今日，利益眾生的法輪仍舊未有稍歇，教團內在共識的凝聚力也更加穩固，於是在2008年的年底，經過對教團宗風志業的反覆討論與整理，正式向大眾宣告靈鷲山「慈悲與禪」的宗風，並以「締造華嚴世界，共創愛與和平地球家」為願景。

慈悲

心道師父說：「慈悲就代表了整體的公益、救苦、解難，對一切人類的關懷與救苦，都叫慈悲，時時刻刻，我們起心動念，都對眾生平等，這種悲憫、拔苦，是我們一直以來所做的，就像觀音菩薩一樣，只要有苦難的地方，我們都會盡全力去付出。」2009年，全球在金融風暴席捲後，靈鷲山秉持拔苦與樂的慈悲心，舉辦富貴金佛遶境，祈願台灣社會及人民安度景氣低谷；也本著「同體大悲」的精神，投入緬甸風災與八八水災等救援、重建工作。

而每年所啟建的水陸空大法會、每個月的圓滿施食，以及全球各地不定期的觀音薈供法會等，更是希望藉由法會的功德力，回向眾生離苦得樂、速成佛道。尤其是一年一度的水陸空大法會，更是匯集萬人心力，冥陽兩利的法會；2009年度的法會主題「以寧靜療癒地球」，呼籲氣候異常、因地水火風不調和所引起的天災人禍，唯有從根本——心的改變，才能轉變外在的災禍。另外在新加坡信眾的祈請下，心道師父率領上百位志工菩薩，前往新加坡啟建水陸空大法會，讓當地信眾救度眾生的心，如願以償。

禪

禪修是心道師父最初修行的源頭，墓地塚間十多年的禪修加上兩年斷食閉關，為的就是見得這明明朗朗的本來面目。「禪就是心，心就是禪，我們要從禪找到心，從心找到智慧。」靈鷲山多年來推動禪修不遺餘力：九分禪、雲水禪一、雲水禪三、雲水禪七等活動，讓忙碌的現代人，得以暫時放下一切，在山海之間禪修，釋放壓力、身心歸零，體會禪的喜悅。

2003年，靈鷲山開始推展「093平安禪」運動，配合「斷食之愛」，首度於宜蘭羅東運動公園舉辦「萬人禪修」活動；萬人禪修活動所宣揚的「九分禪」的修行理念，是為了對治現代人的

問題，所開出的禪修方便法門。而九分禪中的「九分」，是一個自在的、彈性的「時間象徵」，強調一種「隨心修行、隨處修行」的概念，讓人們至少每天三次，每次「和真實的自己相處九分鐘」。從此，「萬人禪修」將佛教的禪修活動，帶入了全民運動的新領域。

靈鷲山連續在宜蘭羅東運動公園舉辦了三次「萬人禪修」之後，移師至無生道場舉辦兩年；2008年、2009年，在大安森林公園舉辦，並將「萬人禪修」活動，提升為「全民寧靜運動」，呼籲全民「減音、減食、減碳」，強調「從『心』出發、和地球和諧共存」、「愛地球九大生活主張」等主張。

2009年，心道師父為了方便忙碌的現代人，

更推展出「一分鐘禪」，提供大眾在心情煩躁的當下，藉由簡單的方法，趣入禪修的清淨。

華嚴世界

1989年，心道師父鑒於新世紀全球化時代來臨，促進和諧交流與轉化衝突實為當務之急，發願籌建「世界宗教博物館」，為不同宗教之間搭建溝通交流的平台，讓新世紀多元文化中的年輕孩子們，找到生命存在的愛心與價值。經過十多年的努力，2001年世界宗教博物館終於在台灣永和落成；十多年後的今天，各種因為宗教差異產生的衝突與對立，彰顯了心道師父當年籌建博物館的意義與重要性。

這座博物館的創建理念為何？心道師父說：「這座博物館是根據華嚴世界的展現而產生的，世界上每一個宗教，每一個人，宇宙一切的東西，其實都是華嚴的整理，每一個人有每一個人的價值性，處處都是智慧的表現。」

從宗博籌建之始，心道師父即開始拜會各宗教，進行交流與對談，認為唯有各宗教共存共榮、相互輝映，並在「尊重、包容、博愛」的理念下，才有達致地球和平的可能。

2009年，英國伯明罕市擬籌建分館，由包括聯合國教科文組織的專家、伯明罕市長、議員、博物館學界精英所共同組成的「伯明罕世界宗教博物館籌委會」，邀請到心道法師親自擔任籌委會的主席，並演說當初籌建的遠見與經驗。此外，源於心道師父宗教和平的理念與實踐，全球最大宗教會議聯盟執行長費德克，特別來到台灣，邀請心道師父參加於澳洲舉辦的第三屆世界

宗教會議，並於會議開場時發表演講，以及主持大會專題系列座談。

展望 —— 華嚴聖山

「華嚴聖山」是繼創建世界宗教博物館後，為了利益眾生所做的志業，也就是要啟動每一個人的菩提心，讓全世界的人心都能夠領受慈悲、喜樂。華嚴聖山與宗博館的精神是相互聯結、互相發明、彼此延伸的，是「愛與和平地球家」的落實，也是心道師父大願和靈鷲山理念的具體實現。

華嚴聖山建設將打造靈鷲山成為具教育、靈修、弘法等多功能的宗教文化教育園區。第一期規劃就是聖山寺「金佛園區」，園區內將供奉泰國最受崇敬的成功佛、圓滿佛、平安佛三尊金佛，希望以「神聖」的元素，造福地方、造福世界，並且接引大眾親近、學習佛法。

心道師父說：「靈鷲山就是和平的聖山，世界和平的聖山；聖山為的是和平，建立一座和平聖山，成就華嚴淨土，為世界和平帶來一幅理想的藍圖。」讓每個人來到華嚴聖山，都感受到發自內心的祥和，從而寧靜人們的心靈世界，息滅雜染妄念，希望由外到內，讓人們可以得到寧靜和喜悅，在和平的環境裡追求地球的共生共榮，造就一處和諧的生命環境。

特別報導 1

3月18日～22日

知足即富，學佛即貴——富貴金佛遶境南台灣

真正的富貴不在於你擁有多少，而在於你能喜捨多少。很多人到了山窮水盡的時候，他們依然比萬貫家財的人富貴；因為他什麼都沒有的時候，他還可以給別人微笑，對別人懷有慈意、善意，這就是真正的富貴。求錢、求財，求的是微小的富貴，樂善好施才是大富大貴。

——心道師父200903

靈鷲山於南台灣高雄地區舉辦「富貴金佛遶境」儀式，開啟「富而不驕，貴而不矜」的社會新氣象，期能以富貴金佛所象徵的普世價值，召喚全民的熱情與信念，發揚慈悲喜捨的精神；呼籲大眾響應樂善好施、與人為善的良好風俗，蓄積富貴福報，成為使人人生活豐足、心靈富饒的全民富貴運動。此次金佛遶境活動，聯合了高雄地區各大宮廟迎接富貴金佛，希望透過宗教間共同的愛與慈悲，祈求台灣國運昌隆、經濟繁榮，讓民眾在金融海嘯、景氣低迷之際，獲得心靈的安慰與重振的力量，亦促進宗教交流，締結佛、道友誼。心道師父表示：「與宮廟的交流，讓我們看到宮廟對於地方文化的深入與影

響，也讓我們感受到南台灣民眾的熱情。其實佛、道本是生命共同體，都是我們傳統的文化，我們有這樣的責任，一起推動中華文化的復興，包括社會倫理、社會秩序，這些都要靠所有的朋友一同來推廣。」

2008年10月，泰國僧皇智護尊者（H.H. Somdet Phra Nyanasamvara）贈送國寶——「富貴金佛」，作為心道師父六十壽誕的禮物，當時，靈鷲山即於台北101大樓舉辦「富貴上升 富貴金佛祈福活動」，供北台灣民眾禮佛獻花，祈求富貴。今年靈鷲山將富貴金佛迎請至高雄地區舉辦遶境祈福活動，普照南台灣，護佑民眾安然度過經濟不景氣時局。

富貴金佛遶境南台灣，3月18日，首先在高雄市政府廣場前舉辦「搶先接富貴」啟程記者會，高雄市長陳菊率市府主管出席，與心道師父一起明燭祈福，並代表高雄市民「簽收富貴」。陳市長表示，在多變的社會，宗教是最好的穩定力量；她感謝「富貴金佛」以高雄市為遶境起點，希望透過宗教的愛與慈悲，讓民眾獲得安慰鼓勵。隨後，一連兩天，迎請富貴金佛前往台灣中油總廠、高雄港區等重工業區，為包括前鎮區漁會、台船、中鋼、台灣中油總廠及大林廠等南台灣重要經濟命脈灑淨祈福，希望富貴金佛賜福大眾生活富足安樂，百業振興，國家社會安定祥和。20日，金佛普照高雄縣，縣長楊秋興率領縣府員工，一同在縣府前廣場迎接富貴金佛、簽收富貴。之後，遶境隊伍來到鳳山市公所，鳳山市公所及地方鄉親備設香案供果、供花、供燈。中午佛前大供後，為增進佛教與民間信仰間的友

誼，安定民眾心靈，金佛遶境行腳首先造訪奉聖宮與鳳山龍山寺，受到當地信眾熱烈迎接；當天晚上，金佛安座於高雄鼓山區（哈瑪星地區）的代天宮；隔日早上，迎請金佛至高雄市三鳳宮，都是平日香火鼎盛的寺廟，也是地方信仰中心，沿街家家戶戶普設香案，當地民眾也扶老攜幼前來向富貴金佛獻花祝禱，現場洋溢歡喜和諧的氣氛，為台灣佛教與民間信仰間的宗教交流合作，共同擔負傳承傳統文化與社會倫理，增添佳話。

21日下午，富貴金佛遶境隊伍在高雄市區展開一場踩街藝術活動，由高雄市騎警隊擔任前導，包括三信高商樂旗隊、無障礙協會代表團、福山國小跳鼓陣、莒光國小小龍宋江陣、街舞團體BRAVO、元極舞團體……等十八個民間團體參與踩街活動，吸引民眾駐足。而參與遶境踩街的民眾手持禮佛鮮花，逢人笑吟吟的遞上富貴祈福卡，分送富貴。22日，富貴金佛安座於漢神巨蛋，供民眾禮佛供花，並於巨蛋大廳啟建「富貴金佛祈福暨瑜伽焰口法會」，同時也是2009年靈鷲山水陸法會第三場先修法會，大眾共修《佛說雨寶陀羅尼經》，藉經典威德力，為此次富貴金佛遶境高雄地區的一切善緣、功德，回向接續未來更美好的交流互動。

心道師父表示：佛教的富貴觀是「知足即富，學佛即貴」；富貴不只是外在財富，更是心靈的富足，也就是要具有勤勞正直、積極樂觀、謙卑有禮、樂善好施的特質，因為唯有這些寶藏才是每個人生生世世的財富；「能給，能捨，有愛心，就是最大的富貴！」心道師父祝福大眾從真心和諧開始，惜福、惜緣，快樂向前走！

全球寧靜運動暨萬人禪修

透過靜默禪修的方式，回到自己的靈性，不貪著在無止盡的物質、感情、財權、名利的追求中，而是達到內在的一種安靜，從寧靜中提昇自己的覺察力，從禪坐中看到自己的心。我們從自己個人出發，擴展到成千上萬的人，大家一同傳達心靈和平的樣貌，一同以這樣寧靜、簡單的行動，讓人與人之間、人與社會之間甚至是人與地球環境之間，都能和諧平衡的共存共榮。

——心道師父200904

在地球暖化日益嚴重以及各種資訊充斥混雜、人心浮動的現代社會，靈鷲山推動「全球寧靜運動」，並於4月25日在台北市大安森林公園露天音樂台舉辦「全球寧靜運動暨萬人禪修」活動，呼籲世人藉由沈澱身心、寧靜心靈，回歸平實、自然的生活，希望以心靈的寧靜為基礎，儉約生活，讓大地養生、讓地球永生。

靈鷲山自2008年將連續舉辦五年的「萬人禪修」活動擴大為「全民寧靜運動」，從宗教性的自我心靈修鍊活動，提升到社會運動層次，也是一個以「寧靜」為訴求，以自己為原點，從跟自己對話開始的社會運動；並於每年的世界地球日（4月22日）當週週六舉辦萬人禪修。「全民寧

靜運動」邀請社會大眾響應減音、減食、減碳的生活態度，以「愛地球九大生活主張」，用具體行動愛護我們生存的地球環境；自推動以來，獲得包括文化、企業、媒體、藝文⋯⋯等約二百位台灣社會各界人士的認同與支持，加入成為共同發起人。演藝圈的朋友更自發性號召音樂人在4月25日舉辦〈愛與和平——寧靜心空演唱會〉公益演出，以「愛與和平」的歌聲共創寧靜的夜晚，譜出「地球一家」的和諧；也對都會新生代分享體驗寧靜的感受，表達愛地球的具體行動，呼籲所有聽眾能一起從自身做起，實踐「減音、減食、減碳」的身心靈環保主張。

2009年，靈鷲山更將這份「寧靜」良方，獻給全球公民，擴大推動為「全球寧靜運動」，以「合十（掌）手勢」提醒世人隨時隨地觀照自心、讓心靜下來，推廣「寧靜手環」，提醒大家注意周遭朋友的心靈健康。希望以這份「寧靜」的獻禮，祈祝全體地球公民在此天災頻仍、經濟動盪的時局中，皆能身心安定，回歸清淨無染的初心。今年除了延續多位社會中堅人士共同發起外，更有數位新聞媒體主播聯合共同呼籲，提倡以寧靜改變自心，從心開始改變世界。

4月25日，結合「全球寧靜運動」的靈鷲山「萬人禪修」於台北市大安森林公園登場。當日下午，約近萬名民眾身穿象徵寧靜的白色上衣、配戴著「寧靜手環」魚貫進入會場；在開場的行動劇表演之後，心道師父、世界宗教大會理事會（CPWR）副執行長暨夥伴城市會議（Partner Cities）執行長莎賓娜‧聖地雅歌（Zabrina Santiago）、駐台北以色列經濟文化辦事處代表

甘若飛、總統府資政暨世界宗教博物館永久榮譽館長漢寶德、中華民國一貫道總會蕭家振祕書長、天主教台灣明愛文教基金會梅冬棋會長、安那托利亞福爾摩沙協會（Anatolia Formosa Association）歐斯曼理事長（Mr. Osman）、生活的藝術發展協會余嘉珍老師、台灣基督長老教會義光教會鄭英兒牧師、耕莘文教院聖方濟沙勿略會鮑霖神父、耶穌基督後期聖徒教會中台北支聯會梁世威會長等跨宗教代表，以及李永然律師、青年代表沈芯菱……等二十餘位各界代表共同宣讀「寧靜宣言」。

心道師父在談到寧靜時說道：「在這個資訊爆炸的時代，人們往往疏忽『寧靜』的重要，唯有在『寧靜』中找回自己，讓生活正常化，才不會找不到依靠，找不到生活目標，找不到寄託；

唯有在寧靜中把真實的生活找回來，喚醒我們與大自然的聯繫，才能夠享受生命。」整個活動在心道師父親自帶領的「平安禪」中進入寧靜的核心，只見現場約近萬名民眾，在細雨中跟隨著心道師父的引導，息妄除染，體驗內心的寂靜。

今年的全球寧靜運動延續去年「減食‧減音‧減碳」的環保訴求與寧靜、愛心、對話、素食、環保袋、節能、減碳、節水、綠化等九大愛地球主張，並鼓勵所有參與者減食一餐，將省下來的一餐費用捐贈給「斷食之愛」基金，由台北市政府民政局副局長陳其墉代表接受。陳副局長在接受捐贈時首先表達對主辦單位的感謝，並表示這是一個非常有意義的活動，他說：「每個人少吃一塊肉就是節能減碳的環保行動，此活動中所提倡的減食一餐，即是實行減碳的環保生活；

至於斷食之愛，則是匯集大眾的愛心，形成大愛，溫暖更多人心。」

除了在台灣積極推動「全球寧靜運動」之外，今年7月、12月，心道師父也把這份獻給全球的「寧靜獻禮」，分別帶往瑞士拉薩爾學院（Lassalle House）所舉行的「禪、卡巴拉及基督宗教的神秘主義」國際會議，以及在澳洲墨爾本所舉辦的第五屆世界宗教大會。參與這次「萬人禪修」的世界宗教大會理事會副執行長莎賓娜・聖地雅歌表示：由於十分尊崇心道師父對世界和平所做的貢獻，再加上寧靜正是目前全球人們所真正需要的；因此，她非常榮幸能參與此運動，更樂於將「全球寧靜運動」及寧靜手環帶向國際，期能使寧靜成為全球公民的自覺運動。

寧靜宣言

緣於對「愛與和平」的人類共同願景之認同，

並深心瞭解到「萬物同出一源」的真理，

我們「尊重每一個信仰、包容每一個族群、博愛每一個生命」，

協助全人類在地球各個角落，

以各種減音、減碳、減食之具體實現，

落實淨化身心靈，以及改善生存環境品質之寧靜運動，

以真心和諧、共生互濟之精神攜手並進，

為「地球一家」的永續而努力不懈。

靈鷲山緬甸GFLP計畫——援建學校聯合交接暨開學典禮

　　緬甸是我的故鄉，給我佛法的哺育和啟發，讓我的生命到今天都受到佛菩薩的加持。感謝這樣的因緣，讓我有機會回來奉獻心力；期望把此地尊貴的修行傳承及優美文化，弘揚到世界各地，利益廣大眾生。

——心道師父2007

　　心道師父出生緬甸，源於這份深厚而特殊的因緣，靈鷲山在緬甸陸續發展涵蓋教育、身心靈修行、閉關中心、社區服務、生態農業等多元的「愛與和平地球家緬甸計畫」，具體計畫包括「佛國種子獎助學金計畫」、「聖蹟佛塔修護計畫」、「弄曼修行農場」、「大雨托兒所計畫」、「僧伽高等教育留學計畫」等，希望通過提供生活、教育、公眾醫療、社區農場等多元的服務與關懷，把佛法與當地的社區發展與社會服務結合，協助當地民眾學習自給自足，希望通過教育讓下一代能夠延續佛法的扎根，讓這些學子成為永續佛法的佛國種子，讓緬甸成為落實「愛與和平地球家」理念的重要實踐據點。

因此，當2008年5月緬甸伊洛瓦底江三角洲遭受納吉斯風災（Nargis）嚴重侵襲時，靈鷲山立即在第一時間投入緊急救援工作，之後並陸續展開災後重建的各項計畫；這一路走來，靈鷲山從最緊急的第一階段物資賑濟、醫療援助工作開始，即獲得不少社會大眾的愛心奉獻，並有許多國內外NGO組織贊助與協辦，讓救援與重建工作得以順利推動、逐步實現。

靈鷲山在緬甸當地的重建工作，以保存、發揚緬甸的文化為策略，進行長期性的教育類計畫，包括擴大大雨托兒所學程、設立無醫村醫療站、提供公共衛生教育訓練，與援建偏遠村莊的小學校舍；而由於重建的學校還需作為未來災害的避難所，所以建材採鋼筋結構，也成為災難防治行動的一環。透過與中華民國紅十字會總會（以下簡稱紅十字總會）、財團法人國際合作發展基金會（Taiwan ICDF，以下簡稱國合會）、成功大學附設醫院災難醫療團（以下簡稱成大災難醫療團）、聯合國兒童福利基金會、仰光博愛慈善會等團體的共同合作，重建計畫尚在執行中，也逐漸呈現耕耘的成果。

2009年6月23日，在納吉斯風災屆滿一年後，靈鷲山在仰光省滾良光地區（Kungangon）的Myo Thit村舉辦「靈鷲山援建風災小學聯合交接典禮」，共有十六所學校聯合舉辦交接暨開學典禮；其中在滾良光重建有九所，在得得耶（Dedaye）地區則有七所。聯合交接典禮邀請心道師父及仰光省省長U Win Myint共同主持剪綵開幕儀式，現場有多位貴賓出席，包括緬甸第三教育局總理事長、上座部佛教大學（The International Theravada Buddhism University）副校長、滾良光鎮區教育局局長U Age Kyce、紅十字總會秘書長陳士魁，及國合會助理秘書長張晴昌、顧問羅翡諭等人參與這場別具意義的盛會。

隨後，心道師父為校牌灑淨，所有村民及孩子們終於可以在有堅固屋頂的房舍內，繼續學業。心道師父與仰光省省長亦在學校種下鐵力樹（Ga Kor），象徵佛光庇蔭普照，讓世世代代的村民都能傳承佛陀妙法。

隨後眾人轉往滾良光第一高中大禮堂舉辦開學典禮，心道師父於典禮上表示：緬甸是世界佛國的代表，擁有最祥和自然的文化、最善良純樸快樂的百姓。這份精神支柱來自於佛陀的慈悲與教誨，使緬甸地區人民，更能以平常心面對並度過一切無常與困難。在地球一家的今天，心道師父認為「愛與和平」是人類最高的指標，靈鷲山希望透過種種努力，結合外來與在地資源，栽培當地師資人才，改善緬甸教育環境的軟硬體條件；讓緬甸小朋友能受到更好的生活照顧，得到更完善的教育機會，將來有機會回饋鄉里、貢獻國家。

紅十字總會陳士魁秘書長致詞時表示，去年5月緬甸發生史上最大風災，造成百萬人流離失所，災民的切膚之痛大眾都感同身受。紅十字總會也借重靈鷲山多年在緬甸發展的經驗，在學校重建，以及與生存息息相關的淨水設施重建上共同合作。陳士魁很高興在與靈鷲山簽署合作備忘錄八個月後的今天，看到紅十字會捐助的兩所小學順利完工，這也是兩機構合作的重要里程碑。滾良光鎮區教育局局長U Age Kyce則代表全體師生及村民表達對心道師父、靈鷲山、紅十字總會以及國合會協助重建小學的感恩；並鼓勵學生長大後能奉獻一己之力，回饋村里、回饋社會，傳承緬甸的文化、佛陀的教誨。

交接暨開學典禮儀式圓滿完成後，心道師父及靈鷲山一行從Myothit村來到Ayawathit村，看到長長人龍沿著田埂小徑夾道歡迎，一貫地虔敬合十，熟悉的靦腆微笑，還有村民歡欣鼓舞地跳著緬甸傳統舞蹈迎接眾人，就像熱力四射的熾烈驕陽，大家都切身感受到了村民的喜悅。滿臉欣慰笑容的心道師父與小朋友攜手從舊校舍走到新落成的校舍，也帶領著孩子迎向光明的未來。

靈鷲山緬甸風災重建計畫執行成果一覽 （至2009年6月底）

項目	內容	數量	備註
鑿井淨水工程	新建鑿井工程	130（口）	一百三十個村莊受惠
醫療義診	成大災難醫療團義診	4（次）	
大雨托兒所	大雨托兒所小老師耕心營	25位小老師，12位比丘與會	2009年5月舉辦
	大雨托兒所開學（6月23日）	4（所）	每學期從四個月延長為八個月
村莊小學	新建工程	17（所）	台灣紅十字總會援建二所，國合會援建一所。
高中	新建工程	1（所）	滾良光第一高中
仰光市巴漢區肯瑪碧瑟亞戒壇	修建	1（座）	2009年12月28日舉行開光大典

心道師父「歐洲愛與和平交流之行」

當我親眼看到集中營的一切，這個苦難的見證，提醒了我們：在活著的時候，我們只有兩件事要努力，那就是「覺醒與慈愛」：時時刻刻保持一份對生命的覺醒與對眾生的慈悲。如同所有的聖者所教導的一樣，我們從對萬物的謙卑領納聖靈的慈愛，從對生命的尊重取得神聖的力量，從關懷苦難能看清真理的啟示。

—— 心道師父200907英國

心道師父前往歐洲展開「愛與和平交流之行」。此行，心道師父應邀參加於瑞士蘇黎世拉薩爾靈性中心舉辦的「禪、卡巴拉及基督宗教的神秘主義」國際會議；之後，師父轉往波蘭，參訪二次大戰期間納粹最大的猶太人集中營──奧斯威茲集中營紀念館（Auschwitz Concentration Camp）；最後，心道師父前往英國伯明罕，參加「伯明罕世界宗教博物館籌委會（UNESCO Museum of World Religions in Birmingham）」，擔任籌委會主席。

瑞士拉薩爾的神秘主義國際會議，緣起於三年前（2005年）心道師父應邀出席該中心舉辦的「神秘主義與和平」研討會。拉薩爾靈性中心位

於蘇黎世近郊楚格湖（Zugersee）不遠，是歐洲最傑出的禪學、哲學、倫理學機構，近年來也以東西方宗教思想交流及靈性與科學的對話為主。此次師父應邀參與「禪、卡巴拉及基督宗教的神秘主義」國際會議，三天的會議中，心道師父參與了兩場工作坊、專題演講以及一場心道師父禪修體驗的分享。7月3日晚上，心道師父和與會大眾以座談方式分享個人禪修與修行的體驗，心道師父說：「首先是要讓自己寧靜下來，有好的覺受，自己先寧靜下來，那麼對方才能接受我的引導，而進入我所要敘述的修行經驗，進入修行的覺受。」現場並帶領大眾禪修，體驗「萬物最美的聲音，原是寂靜」。

　　隨後，心道師父轉往波蘭參訪奧斯威茲集中營紀念地及博物館，在博物館執行長Dr.Piotr

M.A. Cywinski帶領下，參觀了二次世界大戰時遺留下來的歷史傷痕，之後並與錫克教長老默辛達‧辛格（Bhai Sahib Dr. Mohinder Singh）進行「療癒創傷：和平與和解之路」座談。二次大戰期間，奧斯威茲集中營有數以百萬計的猶太人在此遭到屠殺、迫害。心道師父表示，來到這個城市，特別感受生命的落寞與無奈，也反省到戰爭的殘酷；如何讓人類更和平，如何去療癒消除內心的創傷，如何建立更好的和平，這是宗教間彼此要分享、對話的，也更讓我們體認到「愛與寬容」的重要。參觀奧斯威茲集中營後，心道師父領眾祈禱：「屠殺、殘酷、仇敵，這是個浩劫，讓我們用擁有的光明慈愛去突破這個黑暗，讓時間埋葬仇恨與被仇恨，讓浩劫不再發生、讓它沉寂。」

歐洲行程最後兩天9日至10日，心道師父前往英國伯明罕，出席「伯明罕世界宗教博物館籌委會」。2008年6月應邀來台北參加「2008全球化與靈性傳統暨回佛對話國際會議」的英國伯明罕大學教授喬納森·韋伯（Jonathan Webber），感佩心道師父在國際上第一個實現了「尊重、包容、博愛」宗教文化與信仰精神的世界宗教博物館；經過一年期間五、六次的全球視訊會議，由包括聯合國教科文組織（UNESCO）專家、伯明罕大學、伯明罕市長、議員、博物館學界精英共同計畫在當地籌建世界宗教博物館分館，並組成「伯明罕世界宗教博物館籌委會」，此次邀請心道師父擔任籌委會主席。

心道師父在演說中提到：「世界宗教博物館的使命就是將這普世的理念與大家分享，讓彼此和諧共存，共同創造一個愛與和平的世界。」幾十年來的禪修與佛法實踐，心道師父深切印證「如果沒有愛與和平的心靈，無論到哪裡，都是不安穩、可怖的地方。」所以讓每一宗教的價值、每一信仰的智慧去呈現，讓博物館是展現差別、比較和學習的場域，讓真實的理解與包容從博物館推向全球社會，「這是華嚴精神的呈現，也是世界和平工作的實踐。」

在停留伯明罕期間，心道師父參觀由緬甸Dr.Rewata Dhamma於1998年所創辦的Buddhist Pagoda佛寺，拜會現任住持Dr. Uttara Nyana，並對他的心願：完成伯明罕佛塔及佛教大學興建等深表敬意。10日清晨，心道師父應邀參加伯明罕錫克教總部的晨禱，並發表簡短演說。心道師父於演說中表示：「世界宗教博物館建立於『尊

重、包容、博愛』的理念上，這些理念來自於我
的佛法體悟，宗教信仰與生命實踐是分不開的，
如同佛法說『煩惱即菩提』，在生命實踐的過程
中，每一個當下，都可能讓我們證入菩提。」

　　十天的行程裡來回飛越歐陸，華嚴精神、
「愛與和平」的信仰與實踐，是心道師父與國際
宗教領袖、學者暢談無阻的共通語言。

以寧靜療癒地球——2009靈鷲山水陸法會

　　每一年，我們努力不懈地以寧靜、嚴謹的心，為六道眾生做超度，希望生命之間能解冤、解業，而這份慈悲的道業，其實也正與地球的平安，息息相關。無論是看得到的、或看不到的世界與眾生，都含容於法界之中，相互依存，只要任何一個單一的個體或地點出現問題，都會影響到整體的安寧。

——心道師父200908

　　靈鷲山於桃園巨蛋體育館啟建「第十六屆以寧靜療癒地球——2009年靈鷲山水陸空大法會」。心道師父秉持讓眾生都能成佛的悲願，以寧靜療癒傷痛、以慈悲體悟生命循環的精神，帶領眾生共同契入回歸本源的心靈大道，發現心華莊嚴的華嚴世界，並幫助參與者安頓心靈，重新思索生命的核心價值；而水陸法會的核心精神就是懺悔淨業，從深心懺悔過去對一切眾生所造的傷害，發自真心的反省與改過，繼而發菩提心、行菩薩道。除此之外，心道師父並強調「戒殺茹素」，以素食來響應地球環保、自利利他。

　　自1994年靈鷲山啟建第一屆水陸法會開始，便在許多面向上都開展出獨特風貌，而之後的

十六年間，除了每年因應社會各時期不同的需求而發展出獨特的年度主題與周邊活動之外，更不斷為這場年度大齋勝會注入嶄新的元素，讓此一佛教界的古老傳承更具有活力與動能。因此，每年參與法會的信眾們，一方面能在法會的莊嚴儀式裡體驗佛法的慈悲外，另一方面亦可在靈鷲山水陸的諸多特色中，看見佛法因應社會脈動的時代性，從而更加了解水陸法會的重要性。

今年由於正值南台灣五十年來最大水患，因此靈鷲山除了立即設立南部賑災中心、啟動救援機制外，並於水陸法會期間推動「大家相疼惜，千手救水災」的愛心賑災服務、設立八八水災罹難亡靈超薦牌位。每一年都會發起的白米贊普活動，除了將募得的白米與油部分捐贈給桃園當地慈善團體及弱勢家庭之外，其餘全數捐贈給八八水災受災地區的民眾。

心道師父表示，把這場世紀大水災跟去年世界各地的災難串連一起來看，顯示地球受傷了，如果人類不能和大自然和諧共處，生命和家園都將受到嚴重威脅。在去年水陸法會中，靈鷲山以寧靜療癒地球提出「九大生活主張」：從寧靜、愛心、素食、對話開始，一步步走向「全球寧靜運動」，帶動社會「愛的反省」；「讓我們從河的角度，來思考如何防治水患；從山的角度，來討論如何開闢道路；從心靈的角度，來重建美麗的家園。」如果每個人都能從寧靜自己的心做起，與大地和諧無爭，大地自然也會給予人類一切的復甦、祥和。心道師父呼籲社會大眾在水陸法會期間，一起推動「戒殺茹素」的齋戒月，用素食來響應地球環保是最好的自利利他。

7月時，心道師父參訪了波蘭奧斯威茲集中營深有所感，「集中營的景象，直到今天仍像是地獄的入口，讓人想要痛哭，我在那裡沒有一刻不感覺到他們。在這次歷史事件中，加害者以及被害者，所有的人都非常痛苦，對於這份痛苦，需要教育，一方面讓時間埋葬一切，一方面需要原諒與懺悔；所謂的原諒與懺悔，是用『愛』而不是用『遺忘』。」駐台北以色列經濟文化辦事處代表甘若飛，特別在8月20日親臨桃園水陸法會現場，為靈鷲山設立的「二次大戰期間大屠殺六百萬猶太亡靈」公益超薦牌位拈香。他向心道師父表示：謹以個人的名義，也以以色列子民的名義，向靈鷲山水陸法會表示感謝，甘若飛代表表示：「大屠殺是人類中最殘酷的事情，法會為猶太亡靈立牌位，令我非常感動，我一定會把這個訊息帶回以色列國內媒體，讓全國的人民知道台灣的靈鷲山做了這個超度的儀式。」

　　靈鷲山教團舉辦水陸法會十六年來，始終鼓勵信眾於參加法會期間要能澄心、靜慮，放下所有世俗的罣礙，回歸心靈的寧靜，並且以時時懺悔罪業的實踐精神解開心中的怨結，化解深存在記憶中的各種罪障，進而於法會後將寧靜的境界帶回家，帶給身邊的每個人。因此，靈鷲山連續第二年於法會期間舉辦「兩岸懺法學術專題講座暨座談會」，就是為了幫助大眾對「懺悔」有更深入的了解與認識。延續去年所舉辦的第一屆「懺悔的宗教意義」兩岸學術研討會，第二屆「懺悔的宗教意義」兩岸學術專題講座暨座談會，於8月21、22日分別在世界宗教博物館與桃園縣立體育場水陸法會現場舉行。

21日的講座邀請到中國人民大學佛教與宗教學理論研究所所長張風雷教授、雲南省社會科學院歷史文獻研究所研究員暨上海師範大學哲學學院中國傳統思想研究所侯沖教授，分別就「天台止觀與觀心」與「水陸法會的歷史與演變——以水陸儀為中心」兩項主題發表演說。

22日的座談會由心道師父、國立台中護理專科學校通識教育中心講師洪錦淳、懺法研究者白金銑，以及上述兩位中國學者，共同針對「水陸法會的傳統與現在」主題展開對話，令在場的所有聆聽者，充分了解水陸法會的歷史源流，也理解到懺悔在法會中的重要意義；除了於法會中超度先亡、祈求福報之餘，也不忘法會中的核心精神——懺悔，時時的懺悔。

心道師父開示：「我們這一次探討的主題是『水陸法會的傳統與現代』，這是一個非常有意思的題目，它探討的就是一個『變與不變』的關係；靈鷲山的水陸是遵循傳統、依循古法的精神，這是『不變』；每年都會針對時空的不同而制訂不同的主題，以因應當時需求，這就是『變』。所以，兩者不是對立的關係，而是相輔相成的發展。」

8月26日圓滿送聖儀式，當天現場信眾圍繞在西方般若船旁，專注念誦佛號，祈請諸佛菩薩加持，讓眾生都能離苦得樂，大地免災，山河修復。火光烈焰中，所有超度牌位化為青煙，迅速向上飛升，靈鷲山2009「以寧靜療癒地球」的水陸法會至此圓滿。

以水為懺，以法為洲，佛法不離世間法，水陸法會不僅是佛法的大共修、懺法的大總集，更

是生命教育的實踐場、三界諸佛會聚的莊嚴壇
城，而每一位水陸行者更是愛地球行動的實踐
者！八天七夜的水陸法會，在上師常住三寶與護
法眾生的同心護覆下，每位參與信眾歡喜虔敬、
至誠懺悔、虔心祈願，跨越時間與空間的限制，
以懺悔洗滌身心，使得生命得以轉化重生，而此
即是人間淨土。

特別報導 *6*

12月3日～9日

墨爾本世界宗教大會

　　讓我們用愛來包容差異，用對話來增進理解，用生命行動來見證自我信仰，而不是用武力、暴力來屈服他人。要終止天災傷害的歷史輪迴，不僅要有外在環保的政策，也必須中止人心內在的貪婪。貪婪是不滿足的起點，為了滿足自我私慾，不斷從外在自然身上獲取供自己享用的資源，不知道在傷害自然的同時也就是在傷害自己，環保不僅是環境問題，更是生存的問題，唯有人心與自然的和諧，生命才能在地球上不斷傳承。

——心道師父200912澳洲墨爾本

　　心道師父率靈鷲山代表團前往澳洲墨爾本出席第五屆世界宗教大會（Parliament of the World's Religions），並在會員大會晚會上，以「全球寧靜運動」獻給所有與會的宗教領袖、代表及地球公民，為世界祈福；期間，靈鷲山於會場舉辦第十一次「回佛對談」座談，心道師父以「在追求公義中締造和平」為題發表演說，並主持大會專題系列座談——宗教及靈性團體在衝突及調解中扮演的角色，發表開場演講「如何化解衝突」，表示：唯有體認地球的平安是人類生存的共同基礎，唯有追尋世界和諧是人類生活的共同利益，才能跳開追尋個別的利益，這是化解衝突的根源。

世界宗教大會主辦單位為總部設在美國芝加哥的「世界宗教大會理事會」，自1893年舉辦第一次以來已有超過百年歷史，之後的四屆約五年舉辦一次。心道師父自1999年首次參加在南非開普敦舉辦的第三屆世界宗教大會開始，每次都率領靈鷲山代表團參與此一跨宗教盛會，宣揚「尊重、包容、博愛」以及「愛與和平、地球一家」的精神，推動地球寧靜與和平。

12月3日，全球宗教界共所矚目的第五屆世界宗教大會在墨爾本國際會議中心正式拉開序幕，本次大會主題為「世界大不同：聆聽彼此，療癒地球」。為期一週的會議期間，共有數百場會議、宗教對話，還有不同宗教的晨禱活動、工作坊、表演、影片欣賞和宗教博覽會展等，內容豐富又兼具文化藝術關懷。計有來自全世界超過

八十個國家、三十幾個宗教派別、數十個宗教團體以及近萬名宗教重要領袖、代表出席這場盛會，共同討論不同宗教、族群、團體如何透過聆聽與對話，化解彼此間的歧見以及減緩地球暖化、氣候異常變遷及糧食短缺等生存問題。

12月4日，會議正式開始的第一天，晨間，由心道師父帶領大眾禪修，吸引約兩百位民眾參與，坐滿禪修房。心道師父表示禪修最主要是把我們的心帶回原點，讓我們能找回自己，聽到自己。在半小時的「九分禪」體驗後現場民眾提問踴躍，尤其對靈鷲山九分禪和其他修行方式的差異，以及如何正確呼吸兩個問題感到興趣。曾有多次禪修經驗的美國人James談到：「很早就聽聞台灣心道師父的九分禪，這次能親自學到不一樣的修心及呼吸法，相當開心，希望有機會來到

台灣學習。」至於在中國出家的美國Ming Bao法師也表示，相較於其他禪修法，九分禪更簡單易學，讓他感到很驚訝，也受益良多。

12月4日下午，靈鷲山舉辦一場「回佛對談」研討會，邀請美國聖地牙哥大學神學與宗教系副教授釋慧空法師（Ven. Karma Lekshe Tsomo）、美國南衛理公會大學世界宗教教授盧本‧哈比托（Ruben Habito）、美國紐約市立大學教授阿米爾‧伊斯蘭（Prof.Amir al-Islam）、東南亞知名伊斯蘭教組織「公義世界國際運動協會」主席千卓拉‧穆札法（Chandara Muzaffar）等宗教代表與會座談。心道師父首先以「在追求公義中締造和平」為題發表演說：認為對立的起點在人心，所以要從自我內心開始，懂得去欣賞、尊重與他人的差異，否則，我們將喪失宗教中最

核心的價值——愛，而「愛」正是各宗教得以彼此合作推動和平的動力。這一次的回佛對談是心道師父自2002年開始，在全世界不同國家舉辦回佛對談以來的第十一場。

12月5日，CPWR特別邀請心道師父於會員大會上台為世界作祈福。心道師父以「寧靜」為獻禮，帶領靈鷲山法師緩步行禪進入大會舞台，現場氣氛隨即寧靜下來。心道師父先持誦〈六字大明咒〉，繼而表示：我們的世界太混亂吵雜了，需要寧靜下來，請大家一起來做一分鐘禪。在「深呼吸、合掌、放鬆、寧靜下來、讓心回到原點」五個口訣引導下，全場皆靜默一分鐘，現場氣氛莊嚴寧謐感人。最後心道師父以「心和平了，世界就和平了」為結語，為祈福劃下圓滿句點。

12月6日，心道師父出席以利亞宗教交流協會（The Elijah Interfaith Institute）舉辦的「全球視野下的宗教領導（Religious Leadership in a Global Perspective）」研討會。會中，針對聽眾提問：女性在宗教領導的角色問題時，心道師父以佛教代表身分，表示：「佛教說人人皆可成佛，並沒有性別差異的問題。」不過由於人在出生時即已選擇了不同的性別，業力習慣與機遇也因此不同，各有各的責任，本質智慧卻是一樣的，追求「究竟離苦得樂」的目的也是一樣的。

12月7日，心道師父出席「東亞（宗教）的生態觀（East Asian Perspectives on Ecology）」研討會，會中，心道法師表示生態災民、地球難民問題已經迫在眉睫，面對地水火風等重大災難，宗教界除了賑災、安靈祈福之外，更要透過彼此理解、加強溝通對話、產生合作，當大家都能理解到共同利益所在，才能面對共同的災難，致力於解決之途。

12月9日，第五屆世界宗教大會於下午舉辦閉幕大會，正式劃下句點。當天上午開始對本屆大會設定的各專題座談進行結論。由靈鷲山所支持「宗教及靈性團體在衝突及調解中扮演的角色」專題，在七天內共有來自全球衝突七大區域的代表與會，進行二十四場的座談會，並由心道師父與哥倫比亞神父納爾維茲（Father Leonel Narváez）、耶路撒冷和平組織（Jerusalem Peacemakers）發起人薛克‧阿布都‧阿濟茲‧別克瑞（Sheikh Abdul Aziz Bukhari）代表做總結。

心道師父總結二十幾場「衝突化解專題系列座談」為五個重點結論：慈悲心、傾聽敵人的痛苦、相互理解的重要、和平教育從年輕人開始、假借宗教之名實為政治之衝突。心道師父表示：

內心常常祈禱寬恕自己，也寬恕別人，久而久之就會發生效用，「仇恨是一個概念，仇恨的發生是有當時當地的人事物因緣，當時節因緣都過去了，仇恨是什麼？仇恨並不真實！讓自己寂靜，發現生命之間靈性是連結在一起的，自然會有不可分割的愛心，悲憫之心與生俱足，喜悅智慧是平等無差別，是開放無虛妄的，苦難就會終結！」

身為地球公民的一分子，心道師父自1989年擘劃籌建世界宗教博物館以來，長期關懷地球環保議題、推動宗教交流與對話，謀求「愛與和平地球一家」願景的實現；心道師父認為各宗教間雖然教義彼此不同，但是我們都居住在地球這一事實，卻是共同的；唯有在「地球平安」基礎下，宗教間的對話、交流才有可能。因此，當心道師父在12月7日接受英國國家廣播公司（BBC）記者Christopher Landau專訪時，也回應了本次大會主題　聆聽彼此、療癒地球，以及當時正在丹麥哥本哈根舉辦的「聯合國氣候變遷大會（United Nations Climate Change Conference）」，強調不同宗教間應充分溝通，透過信仰共同致力於環保、愛護地球等議題，只要能減低人類的貪婪，讓心回到原點，將有助於化解人類為自己帶來的衝突，及對地球的傷害。心道師父認為環保與人心是相輔相成的概念，在全球關注暖化議題的同時，如果能夠先聽聽宗教界的想法，相信將更有目標及方向性，因為經過長期的努力，宗教與環保已經結合在一起，愛地球的行動早已落實在宗教信徒的日常生活中。

1月

僧伽精進閉關

　　「僧眾是佛法住世的根！」延續三年新春，「靈鷲山僧眾華嚴精進閉關」為全山僧眾新年策進確立方向，也為第二志業「華嚴聖山」奠定願景。在心道師父指示與堅持下，僧眾四季閉關是佛門龍象的修道搖籃，培養僧眾在佛法修學與生活實踐上，有更扎實真切的體悟，運用在修行弘法的每個因緣上，來回報四重恩、究竟利生。2009年1月1日至14日（21日）、3月8日至15日、9月13日至23日分別舉辦，以禪修、誦經、參話頭等法門，教化徒眾鞏固道業。

1】 自2006年起，靈鷲山全體僧伽於歲末年終之際，以持誦《大方廣佛華嚴經》進行誦經閉關，至今已連續三年。

2】 靈鷲山全體僧眾持誦全本《大方廣佛華嚴經》作為年終的收攝，為個人修行做最好的沈潛。

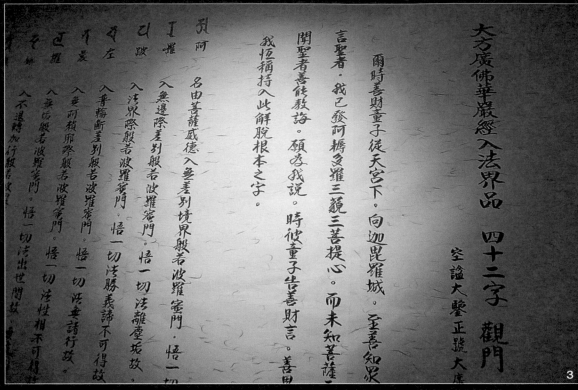

1】華嚴閉關於華藏海舉行啓關儀式，並於圓滿日做「瑜伽焰口施食法會」，將所有功德回向十方法界眾生。

2】香板聲響如棒喝，期勉弟子勤修行。

3】大方廣佛華嚴經、契入經中法界品；華嚴字母恆持之、念念生信歡喜心。

4】華嚴世界無盡藏，如來智慧無邊際。

「參話頭」──禪宗的精神在於心，而一切的法都離不開心。

自靈鷲山開山聖殿修建落成後首度啓用，心道師父帶領弟子進行為期三週的精進閉關。

僧眾冬季華嚴閉關開示

華嚴是果地的呈現──也就是禪宗證悟的果實，叫做「華嚴」！我們修禪，修自己能夠開悟！當我們在修的時候，就是要離心、離意、離識，意就是做作，識就是分別，心就是知了──知了、分別、做作！所以要離開心意識再來修，才能夠證悟本來──就是本來面目。

什麼是本來面目呢？禪宗根本理念，叫做涅槃實性，實相無相・真心，就是禪的心，就是遠離相的覆蓋、相的假象！所以禪就是心，心回到心，心就住於本心，心住心位，這個就是禪。要修就要離心意識去修，就是要無念──無念諸念，無念諸相。無念，無住！不念諸相，不住諸相！無念，無住，無相！在無念、無住、無相之下，來 "match"（英語：契入）真心的證悟。所以說禪就是要回到本來、回到本心。當我們證悟的時候，萬物都是心光，一切都是心光！所以

華嚴世界，就是心的光明。真理是普遍的，無論哪裡都可以找得到，即便是最黑暗的地方也有真理，這個真理就是心的光明，無所不在。

真理只有一個，一切萬有的核心也只有一個，就是真心，真心也就是我們的本來面目，離一切相，雖然是離一切相，但是能夠普明、普照一切，像太陽一樣覺照一切的世間種種而不染污！我們透過修行・看經的探討，才能夠發現真心，才能夠瞭解它的本質、本性，然後把這個真心──也就是實相之性，安住在離相裡面！

我們在華嚴世界裡面，是種子遍滿，可是都不離開真心，也就是不離開我們的本來面目。華嚴世界就是心顯現的種種因緣變化・種種的發心，我們要知道都不離開一心！「一心不離華嚴，華嚴不離一心」，這就是禪跟華嚴的互動關係。

我們參禪開悟以後所顯現的一切，就是不對立的世界。不對立的世界就是禪的世界，禪的世界就是華嚴的呈現。心是絕對的，真心是絕對的、沒有相對的，所以沒有一個人叫做「我」，那麼「我」所顯現的一切也不是其他。真心就叫實性，實性就是能遍滿在一切物質裡面，不增不減、不垢不淨。《華嚴經》就是心量的呈現，由無到有，由有到無。禪也是這樣，一切都沒有，無所得，從這裡面去呈現一切的存在跟變化，叫做真心的容量。如果有「我」去呈現這些，就是對立關係，沒有辦法融到「無我」。我們的心是實相無相，所以可以讓一切相無礙地在我們的真心呈現，這就是華嚴思想跟我們的關係，就是生命共同體。心就是華嚴世界，華嚴世界就是心；「心生種種法生，心滅種種法滅」。

我們修行就是為了了脫生死、證悟成佛，有了這份的證悟，有了這份的了脫，我們才能夠鞏固菩提心，生生世世才可以不退轉，才可以成熟菩提心。不管怎麼說，我們叫做「心即是佛」，如果我們能夠悟心，就是有成佛的條件。我們只要發心成佛，就是每一個心念都是普賢、每一個心念都能自在、隨處解脫，我們每一個心念就能像觀世音菩薩一樣，聞聲救苦，所以菩提心就能夠豐富我們的福慧。我們每個人的心就是涅槃妙心，涅槃就是不生不滅的心，這是我們要去修持覺悟，然後證得；如果不去證得，我們的發心就比較虛幻。

禪跟華嚴是同一個東西，禪的證悟就是華嚴，華嚴的核心就是真心，就是禪的本來面目，本來面目能夠呈現華嚴，華嚴能夠呈現一心，一心可以呈現華嚴，禪跟華嚴是不二。

我們在學習佛法當中，不是讀那部經就變成

那個樣子，反而被框住了，其實讀經是能讓心的華嚴呈現；不是讀了《華嚴》就是華嚴，而是要讓我們心的華嚴能夠真實呈現在生活中。禪宗的精神就在這個心，一切的法都離不開心，離開心就沒有什麼法，心無法，有心才有法，所謂的「百千法門、同歸方寸，河沙妙德、總在心源。」也就是指我們這個心。《華嚴經》中說：初發心之時便成正覺（註：《華嚴經》卷八〈梵行品〉：「初發心時，便成正覺，知一切法，真實之性，具足慧身，不由他悟。」），這個就是菩提心，我們的菩提心就等於佛行菩薩道的大悲心，就是無盡法界的緣起心，也就是「悲心周遍，緣起成佛」的華嚴世界。

佛法講「緣起性空」、「性空緣起」，「緣起性空」就是你每看到一切緣，你就知道一切緣都是依空而立，「性空緣起」，就是依空而生起

一切的緣，法界永遠都是這樣子。一旦皈依佛法、開始修行，就要緣起性空——一切所碰到的東西，這些緣都是空性。有緣起性空的心，就歸於不生不滅、不垢不淨、不增不減，就是無生的心；接下來可以安住涅槃，涅槃就是無生滅的心。

要用周遍的慈悲，無量無盡的生命去播下菩提種，成佛的種子就是菩提種，這個就是華嚴精神，比如說我們現在蓋聖山——華嚴聖山，就是希望每一個人未來成佛，叫做緣起成佛。每一個人在做華嚴聖山的時候，心念非常重要，播下成佛的種子就是華嚴精神，就是無盡的生命播下無盡的成佛種子，要有這樣的願力和生命能量，才能成就華嚴世界。

華嚴世界就是做「緣起成佛」的工作，以佛法利益他人，就要「悲心周遍」，我們要讓一切

的眾生都能夠升起菩提心，讓他們都能夠成佛的時候，這個世界就如同《華嚴經》所說「一花一世界、一葉一如來」，以悲心來周遍「一葉一如來、一花一世界」，讓每一個眾生接觸到成佛的種子，都能夠推廣大悲的心，讓人人都能夠成就成佛的機會，這就是生命的智慧；就是讓每一個種子跟每一個種子是互相環扣的，這個叫做華嚴世界，也是每一個種子——就是每一個人的記憶、緣起——互相環扣而成的一個世界。

像銀河系，你看每一個星、每一個星都是獨立的，可是它們之間又互相環扣，它們有一個旋轉的方向，有動的軌律。現在開始大家發起菩提心，然後再去環扣菩提心；還沒有升起菩提心的，就去啟動他們的菩提心，像銀河星系那樣環扣，然後它就變成一個佛世界。佛世界怎麼成就的？就是這樣子來的。

所以，讓一切的愛心能夠遍滿我們生活圈的空間，「緣起成佛、悲心周遍」就是讓每一個眾生接觸到成佛的種子；推廣大悲的心，讓大家都能接觸成佛的機會，這就是生命的環扣。華嚴就是宇宙，華嚴不是因為佛證悟後說「華嚴」，「華嚴」才存在的，華嚴世界早就存在了，佛證悟了，然後告訴我們怎麼再去證悟。我們怎麼再去續佛種子，怎麼呈現生生不息的華嚴，那就是我們現在每一個人要發心成為成佛的種子——菩提心。

華嚴不是指哪一個特定的地方，全宇宙所呈現的都是華嚴；而「緣起成佛、悲心周遍」表示我們跟全宇宙的緣起連接上線；心就是種子、就是覺、就是菩提心；如果你悟到這個心，它就是菩提心；我們每個人都有菩提心，你沒有悟到這個心，所以就沒有辦法成佛，就沒有辦法升起菩

提心，就沒有辦法自覺覺他。我們的心本來就可以自覺覺他，但是因為沒有悟的關係，覺自己就不夠了，覺他更麻煩。心就是道，離開心就沒有道；心就是華嚴，華嚴就是心；從心開始就是緣起成佛，從心開始就是悲心周遍。佛的體性是空，佛的智慧是明，佛的工作就是慈悲；為了讓我們成佛，我們從悲心開始做，從悲心做到無礙的智慧，做到明覺，做到明而知空、空而能知明，就能夠達到成佛的果實。

華嚴淨土是人人成佛，對任何眾生都要看他是佛；就是說每一個眾生就是一葉一如來的佛，一花一世界的佛，每一個眾生本來就是他的世界裡的佛。我們人呢，常常有輕慢心、有分別心，有對立的各種差別，其實《華嚴經》告訴我們，一切眾生本來就成佛了。每一個人都有每一個人的世界，我們的那一個世界就是「一花一世界、

一葉一如來」，本來就是。所以從華嚴世界的角度去看，每個眾生都是未來佛，表示每個眾生不要輕看自己、輕忽自己，要從這裡去了悟、肯定我們的存在是什麼。如果我們不相信自己是一葉一如來，就必須受很多的苦、必須受很多的難，我們不去了解、開悟本來，所以就輪迴苦。

2009年水陸法會先修法會

靈鷲山水陸法會秉持「悲願、嚴謹、平等」的精神，每年於法會啟建前，都會舉辦五場的先修法會，作為串連信眾的大共修，除了增益水陸法會功德，更堅固信眾道心。五場先修法會所有功德，皆回向靈鷲山水陸空大法會圓滿順利，冥陽兩界眾生同霑法益。

2009年靈鷲山水陸空大法會五場先修法會場次

日期	法會名稱	地點	備註
2008/11/16	藥師普佛暨三時繫念法會	三重修德國小	北縣A區護法會承辦
2009/01/01	大悲觀音度亡圓滿施食法會	靈鷲山無生道場	無生道場
2009/03/22	富貴金佛祈福法會暨瑜伽焰口	高雄漢神巨蛋	高屏區護法會承辦
2009/05/03	八關齋戒暨瑜伽焰口法會	土城海山高工	北縣B區護法會承辦
2009/06/28	阿彌陀佛度亡法會	靈鷲山無生道場	無生道場

1】水陸先修「藥師普佛暨三時繫念
　　法會」。

2】壇城佛水。

3】施食 —— 對於無形的眾生，做最
　　好的供養，對有形的眾生，做最
　　好的指引。

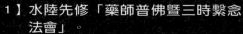

1 】「大悲觀音度亡圓滿施食法會 」於無
生道場啓建。

2 】水陸先修「富貴金佛祈福法會暨瑜伽焰
口」，近七千位信眾湧入會場。

每場法會的圓滿，端賴每一位無私付出的義工。

1】功德主虔誠禮拜共修。
2】水陸先修「八關齋戒暨瑜伽焰
　　口法會」──妙善戒壇。
3】正授──心道師父親傳戒律。

1】法師如理進行三大士焰口佛事
　　儀軌。
2】三大士焰口施食。
3】水陸先修法會適逢佛陀誕辰，
　　會場外小朋友們歡喜浴佛。
4】志工群像——消災祈福牌位。

阿育王柱灑淨裝臟

心道師父主持靈鷲山無生道場山門入口阿育王柱灑淨裝臟儀式。阿育王柱為佛法弘化之象徵，立此柱除揭示靈鷲山無生道場為傳承佛法之聖山，亦惕勵眾人弘揚「慈悲與禪」之宗風精神。

阿育王柱柱體上為漢寶德先生墨寶——「靈鷲山無生道場」；阿育王柱高十四公尺，柱體鐫刻了四面獅、法輪與頂髻等吉祥飾物。

靈鷲山無生道場朝山門入口阿育王柱灑淨裝臟儀式，心道師父以淨水為法輪灑淨。

1/25～2/2

新春迎財神

　　每年新春期間，靈鷲山瀰漫喜氣洋洋的年節氣氛，從除夕圍爐祈願，啟建拜千佛、財神法會，及年初三至初五的財神加官賜福等活動，每天湧入上千信眾，向心道師父拜年，並回山禮佛、點燈，祈求來年的平安、富足。

除夕團圓之夜——心道師父與大眾祈願新的一年圓滿吉祥。

歲次己丑除夕夜，常住四眾齊聚，感念上師大恩，祈願心道師父長壽住世、永轉法輪。

1 】心道師父於開春第一天敲響開運
　　鑼。
2 】大年初一，祈願四眾弟子心靈富
　　貴、豐收吉祥。
3 】師父安裝臥佛頂髻。
4 】師父至各殿堂禮佛。

1 】「緬甸護佑寶傘」讓來山過年的信眾們都能迎財神、接富貴，好運來。

2 】來喝一杯新春福圓茶，祈願福慧滿滿。

3 】財寶天王殿供燈祈平安。

4 】小朋友也歡喜上山。

1 】財神與師父發糖果、送福氣。
2 】迎財神接財氣，人潮湧入無生道場。
3 】財神賀歲佛賜平安。
4 】新的一年，綁上新的的五佛珠祈願事事平安順利。
5 】大眾上山向師拜年。

1】心道師父為大眾加持。
2】大年初六，藝文界人士新春來山拜訪心道師父。
3】藝文界人士與心道師父於律心堂話家常。

新春迎財神開示

　　各位大德們，大家新春如意、富貴平安、事事順心、家庭平安、所求皆如願。阿彌陀佛！在經濟不太景氣的今天，金融海嘯造成了全球經濟的不景氣，台灣還能夠維持下去，而且還能夠慢慢的成長，這是很不簡單的。像冰島就因為金融風暴而破產了，整個經濟就破產了；還有韓國經濟比我們跑得還要快，可是他們也瀕臨這種危機。可見，全球都面臨金融災難的危機。台灣有很多失業的，也有很多在過年當中，不曉得怎麼過；這個金融風暴是非常苦的一個災難，這個災難跟四川大地震差不多嚴重。所以要慶幸我們能夠平平安安，今天還有這麼好的機會在這裡能夠拜佛，慶幸我們還能夠健健康康，還能夠在金融風暴當中平平安安，這是我們自己要為自己慶幸的地方。

　　在人生的旅途當中，起起伏伏，像海水一樣起起落落，我們的生命就是沒有什麼安全感，今天怎麼讓自己的生命能夠有保障？在生命當中，希望這一生當中有保障，就需要有好的信仰。信仰，是人生旅途當中，不可缺少的伴侶；在追求信仰當中，必須要有信心。在經濟不景氣之下，確實要有很好的信仰來陪伴我們。在全國不曉得有多少人，過年可能連飯都沒得吃。有一天我打電話給我一個同學，我說：「這麼多年為什麼看不到你？」他說：「我不做工，沒有辦法生活。」每天都要等臨時工作，每天都要等待，他是連繳一點點同學會的錢都繳不出來。我想大概過年的這段時間，很多人連買米的錢都沒有；也有很多人因為這樣子自殺、燒炭。

　　我最大的經驗是什麼？我以前剛來台灣，就一個人，沒什麼經濟基礎；退伍以後，沒有任何薪水，什麼都沒有，還好會持〈大悲咒〉；我拼

命地持〈大悲咒〉，好緣就來了。在這麼多年當中，我都沒有忘失持〈大悲咒〉。所以說，經濟不景氣，每個人要發願持〈大悲咒〉，好好地持〈大悲咒〉，每天持上一百零八遍，來回向台灣的經濟整個好起來。我自己的經驗就是，我沒有持〈大悲咒〉的時候，運氣就很不好。大家不妨實驗一下、體會一下，回去就開始學習〈大悲咒〉，開始念〈大悲咒〉。

這次經濟風暴的來臨，是因為現代的金融經濟就是假的；沒有那麼多錢，做那麼多事情，貸款貸過頭了；還有石油高漲，從美國提高石油的價格開始，是造成經濟風暴很大的原因之一。再來就是雷曼兄弟的倒閉（註：全美第四大券商），台灣好多企業界都跟它有牽連，全世界的經濟也都跟它有關係，它一宣布倒閉，就像骨牌效應，全倒了。

現代的經濟是從農業到工業，從工業到商業，從商業到資訊網路經濟，整個經濟的大循環；尤其在資訊時代，它都是環扣的，經濟就變成會受到全球性的影響。現在雖然是資訊時代，從這次金融風暴的經驗，我們要回到農業時代的平實生活，回到原點。回到原點，就是過儉樸、守貧的生活，不要奢侈。

我們一個人能吃多少？沒有辦法吃多少嘛，穿也穿沒有多少、睡也沒有睡多少。大家可以省，不要浪費，省一省，我們過比較守貧、節儉樸實的生活，我們還是可以度得過去的。如果我們還是要求很高，生活上仍然非常講究，當然就是活不下去了。所以我們還是回到原來的生活，回到本來，要把我們整個的身心靈，回到最原始的自己；然後過比較平實、自然的生活，就不會有經濟風暴的可能。

其實我們到底能夠用多少？消費主義是西方的文化，拼命消費，一切自然的資源被砍伐、挖掘，來滿足消費；礦產也被挖了很多，樹也砍，什麼資源都用了，地球上的資源，就這樣被消費。地球能夠長多少東西？地球的資源是有限的，不是無限的；可是我們無限的消費，結果就是會破壞環保，造成地球的危機，這是我們過度消費的問題。其實我們如果能吃多少用多少，生活、三餐可以過得去就好，這樣的理念，對環保也好，對現在經濟風暴的危機也好，都可以度得過去。雖然面對著金融風暴，但是在過年的時候，每個人都是非常喜悅的心來到靈鷲山，今天大家的運氣非常好，能夠看到靈鷲山的風景。前兩天啊，三十、初一、初二整個是霧濛濛，雨淋淋；你們運氣真的好，一回來，天氣就好了。天氣好，心情就好，整年都要好。

整年都要好，就要做什麼？就希望佛菩薩幫我們從年頭顧到年尾，所以要點點燈，為自己建設信心，對今年的運氣做建設，點燈、消災。還有像剛剛的「善財童子」（註：指靈鷲山的「善財筒子」，以「普賢十願」為設計概念之善財童子存錢筒，是為傳遞一份布施的概念，轉消費兌換的習性，成為永不退失的布施。）大家覺得怎麼樣？我們不是大錢一直布施，小錢也可以訓練我們的一份善念。善心、善念是這個社會最缺少的東西，小小的一個布施，就可以讓台灣更美好、經濟更繁榮。

什麼叫「聖人」？「聖人」就是把那個筒子打開來的時候，把零錢捐出去，每天一點點、一點點累積起來，沒有增加大家的負擔，但是可以做一份善事，就是有一份真心，為社會、為大眾、為人類做出貢獻，就叫做「聖人」。今天參

加靈鷲山華嚴世界的工作、建設，就叫做聖人，因為菩提心。佛教講的就是：只要發起菩提心，那你就是未來佛，未來佛當然就是聖人。所以我們心心念念，只要為一切眾生離苦得樂的事情都去做，這就是聖人——賢達神聖的人了。今天我們到這裡來，是不是也是具備了菩提心，也具備了讓眾生得離苦的觀念到這裡來？期待大家，每一個人都能發心來成就華嚴聖山。

華嚴聖山是什麼？我們希望在這裡推動人人成佛的觀念，就是每一個人都可以成佛，從一念善心開始做起。每個人只要發這份的菩提心，聖山就會建起來，延續大家生生世世的福報，也延續大家生生世世的富貴。那麼要延伸富貴，人緣好、財緣好、事事都如意，就是要多做廣結善緣的事情。

還有靈鷲山每年有一個解冤解業的法會，希望每個人都能夠消除冤業、能夠平安。大家每年做一次解冤解業的事情，可以參加水陸法會，讓我們跟很多生生世世的冤親債主，能夠解冤解業，讓我們從這裡得到平安，得到如意、順利。現在企業裁員或是放無薪假，就可以來這裡坐坐禪、禪修。禪修不但是善事，也是調心，把我們內在福氣昇華的方法。靈鷲山這裡有漂亮的風景，靈氣十足，來這裡坐禪對補運很好。

另外還有消費卷，大家大概有很多的疑問。消費卷其實對很多窮人來說，可以補過年的急需，是真的救了很多人。市調結果也顯示，這三千六百元對他們真的是非常重要。當然對有錢人，這三千六就覺得有點是多餘的，只要你認為是多餘的，請你捐獻做聖山，這是很有意義的事情。我們不好好把握這三千六，亂花掉就很可惜，倒不如做一些好事來補補運。阿彌陀佛！

2月

弔唁聖嚴法師

　　法鼓山創辦人聖嚴法師於2月3日捨報，享壽八十歲。心道師父深表感傷、惋惜，發動靈鷲山全球弟子念佛回向，感念聖嚴法師一生奉獻佛教，「大悲不捨，願力無窮」的精神。

2月4日心道師父親自率領四眾弟子前往法鼓山弔唁聖嚴法師。

2月23日法鼓山方丈果東法師專程來山感謝心道師父。

2/4～8

第九屆佛門探索營

　　靈鷲山第九屆大專青年佛門探索營，本年主題為「與佛做朋友」。靈鷲山佛門探索營始自2003年，從生命關懷的角度，帶領青年學子了解生命世界環環相扣的奧妙，讓初次接觸佛門的學員，在靈鷲山自然、樸實的環境中學習與自己的真心對話、重新認識自己，並在生活中體現生命的新向度。心道師父說：每個人本自具足佛性、本來就是佛，所以「與佛做朋友」，首先就是要跟自己做朋友。

願力之夜，象徵傳承的延續。

學子們虔誠的共修，在學佛營中體驗喜歡生命、實踐生命、覺照生命的喜悅。

1】心道師父對學子開示
　　「如何與佛做朋友」。
2】原來缽飯是這麼好吃的
　　喲！
3】點燈，代表著啟發自
　　我、回歸靈性。

五天四夜的佛門探索營畫下句點，學員們與心道師父合影。

第九屆佛門探索營開示——與佛做朋友

各位探索營的學員朋友，大家好，大家吉祥！為什麼我們需要探索佛學？學佛、探索佛是個緣分，我們的緣是在佛門，所以我們探索佛的法要、生活。

佛教講「思想」，怎麼讓我們的想法契入正確的思想，我們的想法非常的多，怎麼樣讓我們的思想進入真實，怎麼用佛的法教對治這個時代的思想病。這個資訊時代，每一樣資訊都有它的價值觀，到最後都沒有價值觀，因為我們找不到真正的價值觀。所以，我們就從佛家的因果、生命，找到生命的價值觀。

人活在這個世界不是一天的存在，生命是一種延續，今生、來世、生生世世，從過去延續到現在。生命在延續的過程中，有一些喜歡的條件，比如我們想要交到好的朋友、能夠出生在好的家庭、在事業上能夠很順利，這就是需要善緣。佛教就是讓生命在延續裡面，生生世世都是善緣俱足；而對生命有破壞、有障礙的這些逆緣，就要去了解跟改良。

我們的生命叫做記憶體，什麼樣的生命就有什麼樣的記憶體。記憶是壞的，那就是壞的生命的呈現；如果是好的記憶，就有好的生命呈現。記憶體就是我們的生命，細胞裡面有很多的記憶體，每一個細胞都有不同的記憶體；如果去複製成為人的時候，每一個細胞都是另一個生命體，他的命運、生活都是不一樣的；因為記憶體不一樣，造型可能一樣，但生命的記憶體不一樣、軟體不一樣。

我們從生到死的生命，都會記錄，彼此都會記錄，這就是生命跟生命之間的環扣關係，不管好的、壞的都是環扣。如何讓我們環扣的緣都是好的？就要學習佛陀的開悟，佛陀領悟到真實的

生命，把宇宙所有點點滴滴、一切的種子現象、現象種子都弄懂了，所以佛叫做遍智。佛的開悟就是弄懂了宇宙的核心思想——生命的源頭，我們學佛就是要找到這個，也就是生命的源頭。如何去探索生命的源頭？就是大家今天來到這裡的原因，希望大家是有收穫的探索。

佛學到底是探討什麼？一切都有一個源頭，如果我們探討源頭的時候，就會回到源頭；當我們回到源頭的時候，就不會再迷失在任何的十字路上、叉口上；回到源頭，自己才不會迷失。

佛法叫做一切就是本來面目，本來面目叫做父母未生我們以前，這個是我們的源頭；父母生了我們以後，叫做有結構、有架構，生命是個有架構、有造型的生命。當還沒被造型時，就是我們的源頭。穿上很多造型的生命以後，就迷失了最原始的自己。佛法在講回到最原始的自己，就是回到生命

的源頭、也就是生命的永恆、也就是生命的自在、也就是生命的安穩。

人從出生到還沒有上學以前，主要的依靠是父母；上學以後呢，小學階段主要的學習對象就是老師；中學到大學的階段，大家想想，重視的是什麼？朋友啊。重視朋友，大部份都跟朋友一同遊樂、玩耍，這是記憶最深的。到了婚姻年齡的階段，是找人生的伴侶、夥伴。不同的階段，有不同重視的層面。朋友，就是在年輕的時候，對我們的影響滿大的。所以，選擇朋友是滿重要的。

不同的朋友，可以讓我們學習到人生某些的經驗，但是這些經驗有時會造成傷害、打擊、痛苦，然後我們的正念就沒有了，就享受不到美好的人生，被痛苦包圍，造成生命的挫折。像師父我小的時候，從十五歲就交上「佛」這個朋友；佛裡面又找到觀音菩薩做我的朋友。從觀音菩薩裡面，我學

到什麼呢？就是慈悲！我第一次學佛的時候，就是聽觀音菩薩的故事，然後就跟著學吃素，「觀音菩薩也吃素啊，很慈悲！」，就開始吃素了，對眾生的慈悲種種的都還沒有想到就吃素。後來看觀音菩薩的故事，祂救苦救難、慈悲一切，變化非常多不同的形象來幫助苦難的眾生離苦，找到正確的方向，我就是從那時候認識觀音菩薩，然後就一路學習菩薩的慈悲與喜捨、救苦救難的精神。

師父我學佛第一本拿到的經就是《普門品》，《普門品》講的就是觀音菩薩的威神力，能夠救度一切眾生出離一切的苦；我就去學習怎麼救度，有的是思想上的救度、生活上痛苦的救度、病、死的救度。病的時候怎麼去治療、怎麼去幫助讓他健康；思想病了，怎麼讓他思想健康；死的時候，怎麼讓他不要罣礙的死、沒有牽

掛好好的死。死的時候是死的合理合情，而不是自殺死的；自殺而死，這就不對，殺自己和殺別人是一樣的罪過，我們的記憶就會紀錄下來。自殺的人每一生、每一生就會自殺，時間一到就一直想死、一直想死，他的思想沒有什麼東西，就是想死，有的想跳樓，看你過去的記憶是什麼，它就會出現，記憶體在召喚你走向這條路。所以就是要導正觀念，要有佛的正等正覺、正知正見的觀念，才能讓我們的思想歸正，在生活中跟一切眾生接觸的時候，都是慈悲、喜捨。

我在十六歲的時候，同學帶我到關西的潮音寺，介紹我一個朋友，那個朋友剛出家沒多久，他叫做遠光法師。這個人就是我出家的最大引導者，還有常綠法師。這兩個人會講佛法給我聽，也會帶我到處參訪寺廟，也有很多的言論，讓你聽聽看哪一個叫做好，哪一個叫做不好，怎麼去

選擇學佛的老師、學佛的觀念。那時候，遠光法師帶我到處跑去皈依，到處去拜訪大師，最後他們讓我去出家。這就是選擇朋友的重要，朋友會帶給你一條路。

你們今天選擇佛來做朋友，就像剛才我說的，我選擇和觀音菩薩做朋友，就是學祂的一切，學習觀音菩薩的一切，祂的一切就是我的一切，我一直照祂的路走，所以我到現在無往不利。大家學佛，找佛做朋友，那就是無往不利。

跟佛做朋友，就是跟覺性做朋友，也就是跟一切的智慧跟慈悲做朋友。怎麼在日常生活中常常升起慈悲心，在日常生活中常常有智慧去觀照？觀照什麼？一切的無常跟因果，你要觀看到一切是無常、把握不住。自己對自己的生命有什麼把握？朝不保夕！有沒有感覺？現在雖然很年輕，但不曉得什麼時候死掉，不曉得什麼時候生病，對自己，你什麼時候保得住？我們隨時都會消失在這個世界上，所以什麼是依靠呢？什麼是永續經營呢？

我們的依靠就是佛，佛是什麼？就是心。心是什麼？心就是我們的覺性。「覺性」大家了解嗎？每一個人靈靈明明，師父在講話，你們豎著耳朵聽，然後分別師父在講什麼？雖然有的聽的懂，有的聽不懂，但都有一個明白的靈性。靈性是讓你使用的，你天天使用你的靈性，所以你才會活的很活潑。身體是什麼？如果沒有靈性，你的身體就不動了，眼睛要看看不到，耳朵要聽聽不清楚。靈性就是我們能覺悟之心，能悟到好跟壞、善跟惡，能悟到有跟沒有，能看清楚自己的真實跟不真實，這個就是我們的覺性。

如果我們能跟覺性做朋友，我們就會長出智慧來消化煩惱；我們跟慈悲做朋友，我們就會生

起很大的福報。智慧能消融對立關係，慈悲能長養一切的善緣，這叫做如意又豐富。慈悲跟覺性智慧，我們跟這兩個做朋友，生命就有了價值、就有了真實。所以要做功課，要皈依三寶，要讀經讓我們開智慧，要禪定讓我們顯明，日常生活中要常常這樣做。

　　像師父對任何的事情都是用正面去面對，沒有負面；是積極的，不做任何消極的想法和做法；還有樂觀，什麼事情絕對不悲觀，一悲觀事情就不會成功，我們要有樂觀的精神；還要有謙卑，謙卑你就會有很多智囊團，驕傲就只能靠自己，任何一個善緣會發生都是因為謙卑來的。還有就是承擔，我們一旦是正面、積極、樂觀、謙卑，接下來就是要承擔，沒有承擔就沒辦法利益眾生；要有承擔力才能夠利益眾生，要有承擔力才能把事情做好。

以後大家會有很多的好朋友，像佛菩薩、像法師們都是，這些學佛的朋友都是我們的善知識，都是我們的朋友。大家學佛，把佛法當朋友，週遭一切都是朋友，都是佛法的朋友，讓他們能夠學佛，這個世界會怎麼樣？大家都學佛的時候，會怎麼樣？叫做極樂世界。為什麼要讓眾生學佛呢？因為不學佛就沒有辦法得樂，離苦得樂就是學佛的目的，其他沒有什麼，就是要大家都離苦得樂。

　　大家把師父當成朋友也不錯，可以上上師父的部落格，大家可以變成部落格的參與者。這個是專門為大家設的，因為我想跟年輕的朋友多交流、多談、多給大家經驗，這是我做部落格的原因。如果大家喜歡可以上部落格，看師父的部落格。

　　最後希望各位可以在學佛營中學到一點點的

體驗，當然要多一點也可以啦，那就是自己要深耕然後自護，成為人生中的方向、目標。學佛就是我們生命的價值、方向、目標，成就價值、方向、目標就是利益一切眾生。多少學佛營的前輩們，每一次都請他們回來帶領還沒有進入佛法世界的朋友們，每次都是他們發心，然後來做這件事情，讓你們來學習。你們學好了，下次就可以做學佛營的下一代，再接引未學佛的人，把快樂‧離苦得樂的善種子不熄滅地傳播下去，讓這份愛心滋潤跟我們有緣的人。所以大家這次就好好學，下次換你們來領導別人，好不好？ＯＫ啦！

樹林中心新春感恩聯誼會

靈鷲山樹林中心舉辦新春感恩聯誼會，心道師父自2006年大閉關之後，首度親臨樹林中心，信眾熱情湧入樹林中心，向師父拜年，並感受新春氣息，分享福氣。

信眾歡喜恭迎心道師父。

1】感恩活動中，小菩薩們飾演小牛迎接牛年的到來。
2】樹林中心舉辦新春感恩聯誼會，全體合影。

迎春跨宗教祈福交流茶會

　　世界宗教博物館連續兩年舉辦「跨宗教祈福交流茶會」，邀請台灣各宗教界領袖代表，用虔敬的宗教禱詞，與獨特的吟頌詠唱方式，齊為世界人民及台灣社會祝禱、點燈祈福，並共同簽署主禱文「愛與和平」宣言。這場祈福儀式，現場迴盪著各宗教代表沉靜的祝福，象徵各大宗教攜手致力消弭社會紛亂，回歸無染純淨、尊重彼此的本心，也讓現場所有來賓感受到跨越宗教、種族、語言及文化藩籬的真善美聖。

心道師父首先為這場盛會點燃祈願燭光。

各宗教代表合影 ── 愛是我們更同的真理，和平是我們永恆的渴望。

1 】各宗教代表祈福點燈：教廷大使館代辦陸思道蒙席（Charge D'Affaires Monsignor
　　Paul Fitzpatrick Russell）（左）、中華道教總會理事長張檉（右）。
2 】各宗教代表齊誦祝禱文。
3 】天主教洪山川總主教獻祝禱文。

1） 生活的藝術發展協會代表團以
歌聲祝禱：（左起）徐敏萍監
事、賴志鵬監事、余嘉珍理
事、吳宏碁老師。

2） 各宗教代表簽署主禱文：（左
起）中華民國一貫道總會秘書
長蕭家振、台北猶太教社團拉
比安宏博士（Rabbi Ephraim F.
Einhorn）、世界宗教博物館榮
譽館長漢寶德。

3） 心道師父簽署迎春祈福主禱
文。

世界宗教大會理事會執行長
費德克拜會心道師父

世界宗教大會理事會（Council for a Parliament of the World's Religions, CPWR）執行長費德克（Dirk Ficca）來山參訪，邀請心道師父參加年底於澳洲墨爾本舉行的世界宗教大會，並與師父交換推動宗教和平對話之經驗與建議。

心道師父贈予費德克《山海天人》一書。

2/17

天帝教參訪靈鷲山

　　天帝教開導師培訓班成員一行參訪靈鷲山無生道場，並向心道師父請益修行體驗，師父肯定天帝教推動傳統中華文化精髓，並期待同做「愛與和平地球家」的使者。

天帝教天帝教開導師培訓班成員來山參訪，
向心道師父請益。

問答中，分享修行體驗，為傳統道統。

雲水禪一

　　為接引現代人調心，找回自己當下的存在，「雲水禪一」活動，以一天的時間，讓人們由簡單的禪修，發現生存的本質，在海天大自然中，體驗生命的樂活。在心道師父斷食修證的體驗傳承下，1991年來，是靈鷲山最基礎與最普及的弘化活動；由禪修而身心獲益者不計其數。今年分別於2月18日、3月27日、5月16日、6月24日、7月12日、8月9日、10月30日、12月20日舉辦八場「清水斷食一日禪」，在法師禪修引導下，輔以「喜悅泉——海元素活水」，促進潔淨身心靈的效益，也學到生活中寧靜身心的基礎法要。

聆聽寂靜，真心為伴。

1〕森林中行禪，次序井然。

2〕放鬆身心「深呼吸」。

3〕學員共修。

4〕雲水禪——森林禪堂。

李信男
——1996土耳其、以色列宗教聖地考察攝影展

　　世界宗教博物館推出「宗教攝影行腳系列」特展，首場展出「李信男——1996土耳其、以色列宗教聖地考察攝影展」，此次特展記錄了1996年世界宗教博物館發展基金會宗教聖地考察團的行腳，透過鏡頭與觀者分享不同宗教間不二的真、善、美。

宗教攝影展開幕，李信男老師與館長江韶瑩合影。

謙沖樸實的攝影家，追隨行腳，見證歷史。

2/21

大悲觀音度亡圓滿施食法會

　　始於心道師父在塚間實修的大悲願力，結合了藏傳密乘「大悲觀音更密無上法要」的殊勝傳承加持力，靈鷲山無生道場於每月啟建「大悲觀音度亡圓滿施食」法會，由心道師父親自主法，行上供十方諸佛，下施六道有情之佛事。

2009年每月啓建之「大悲觀音度亡圓滿施食法會」場次

日期	內容	地點
01/01（四）	施食法會暨2009年第二場水陸先修	無生道場大殿
02/21（六）	施食法會	無生道場大殿
03/07（六）	施食法會	無生道場大殿
04/18（六）	施食法會	無生道場大殿
05/09（六）	施食法會	無生道場大殿
06/13（六）	施食法會	無生道場大殿
07/14（二）	施食法會	無生道場關房
08/17（一）	施食法會	無生道場關房
09/05（六）	施食法會	無生道場大殿
10/24（六）	施食法會暨聖山寺秋季祭典	福隆國小
11/13（五）	施食法會	無生道場關房
12/19（六）	施食法會	無生道場大殿

志工們誠心製作的薈供包。

「圓滿施食法會」自1990年起，皆由心道師父親自主法。

1】 僧俗二眾虔誠共修，施食儀軌從早上持
　　續到傍晚。

2】 擔任法務的法師吹奏法器，一切如法如
　　儀。

3】 大眾一同觀修施食，消除亡者心續之障
　　礙，並為祈求皈依三寶，洗淨其習氣、
　　垢染，滅除三毒苦，引導不再墮入六道
　　輪迴的苦門，將亡者的靈識轉生到清淨
　　的淨土，得生善處。

4】 施食法會供品豐盛。

圓滿施食法會皈依開示

我們學佛只有兩個方向，一個是證悟自己的覺性，明白自己的佛性，了解我們不生不滅、圓滿具足的覺性，覺性就是佛性，能夠證悟就是圓滿成就佛國。一個是外在的一切行為、思想，都是自利利他、累積福慧資糧；也就是我們想什麼、說什麼都是解脫的、智慧的、空性的；我們做任何的善業、善事，都回向一切眾生都能行菩薩道、成佛。所以學佛，就是內證本來，外行願力菩薩。

在內證上，我們時間不夠，工夫下的少，實在是非常的不足，也就沒有辦法從內證、內明本來面目這方面下手。所以我們現在做的就是「加減」做善事，持續做善事，到不斷地做善事，到了時時刻刻沒有不做善事的時候。

我們偶爾還會升起惡念，那就是善念做的不好；我們要能做到時時刻刻都沒有升起惡念、惡心，時時刻刻都是善念、善行，我們慢慢練、慢慢做，練到最後就是讓它習慣。我們很多不好的習慣要改，不改就是累積業障，就不是累積福報。我們的身口意時時刻刻要累積善業，不要累積惡業。「身業」就是殺、盜、淫三業，要做到不殺生、不偷盜、不邪淫，也就是我們對欲望要節制、控制，不是無止盡的發展。如果不是這樣子的時候，就是會有很多痛苦；要有合情合理的關係，就不會產生惡業。

「語」，就是不妄語、不兩舌——不挑撥、不惡口——不說粗話、不綺語。不綺語就是不要專門講漂亮的話，人家做錯誤的事，不要讓他覺得這樣是好的。明明他是壞人，就說他是好人；到最後做了壞事，也是好的，做了任何事都是好的，結果他自己就會搞糊塗掉。所以讚美的時候是真實的讚美，而不是錯誤的讚美。

「意」，就像海裡面的泡沫一樣，貪、瞋、癡就像泡沫一樣起起伏伏，就像岩漿一樣燒熱，起伏、燒熱，我們要息滅貪的欲火、瞋的瞋火、癡的迷惑。我們常常一迷惑，就會做錯事情；一有瞋恨心，就會產生對立，善業就沒有了；一起貪念，就會失去了理性。所以要轉換，貪就常常行布施，瞋要常常行慈悲，癡要常常多聞、多聽善法。我們要三業清淨，慢慢地從身口意轉成十善。

我們每一個念頭要不起惡念，要時時起利他的心。地獄從哪裡來？自己造出來的。自己造了深廣的貪、瞋、癡，深廣到一個程度的時候，地獄、餓鬼、畜生就通通都具足。而佛法的深廣度具足的時候，就是聲聞、緣覺、菩薩、天人。所以我們想的廣、做的廣，遍滿到什麼程度，我們的果實、果報就到什麼程度。

我們學習佛法，今生難得得到這個身體，不要浪費這個身體，讓我們沒有賺到智慧和善業。我們在生活中要累積福——就是善業的意思，慧——就是解脫、智慧的意思，我們要常常把這兩個做為生命的重點。慧就是回光返照，能夠見到自己的覺性、明白自己的佛性，證悟自己的本來面目，這個就是慧業。

慧業，就是能解脫一切的煩惱，能斷除一切的煩惱，那是從經典裡面來的。智慧當然是從經典引發，來啟動我們的本覺、本智、本明的覺性，這樣開發出來以後，才是真正是自己的。看任何的經、修任何的法都叫做引導我們進入覺性的世界；不要到最後，我們沒有看到月亮，反而跟著手指到處跑，只看到手指，反而沒有看到月亮。

經典的一切是為了指點出月亮，也就是指點

我們證悟覺性，這個才是真正、永遠不會失掉的佛性。佛性不是從哪裡撿來的，每個人時時刻刻都在用，每一個人都在用覺性，可是就是會忘了覺性。天天在用、天天忘了，這叫沒有感覺。生活天天就是這樣，可是不曉得那個天天在生活的是什麼？變成那個「我」，我是什麼呢？我就是我執。身體就是我、高興是我、討厭也是我，歡喜也是我，那你呢？是歡喜的？還是討厭的？還是我執的？要看看，這些都不是你。

我們的覺性就像虛空有了太陽一樣，不會因為一切的事事物物出現，太陽就有問題，任何事情都不會影響太陽。像現在霧氣那麼重、雲層那麼厚，有沒有影響太陽？你怎麼遮，我就怎麼照。覺性永遠就是這樣子，讓我們清清楚楚、明明白白。我們找回自己，就不會失掉自己。不找回自己，永遠都在得失裡面、好壞裡面、是非裡面、善惡裡面，這個就是我們生活的習慣。怎麼解決這個問題呢？要多看經、多薰陶，不要被眼識拉走、被耳識拉走，不要被色身香味觸法拉著跑；一被拉走，就變成了眼耳鼻舌身意，然後就變成色身香味觸法，然後碰在一起就變成你的生活，就變成你的七情六欲，造成最大的煩惱、困擾。

怎麼離相，就怎麼離苦；不能離相，就不能離苦。什麼相要離呢？假相要離，那一種是假相呢？「有的」都是假的，「沒有的」才是真的。大家學習佛法，就是要慢慢學習一切都是無常、虛幻的，我們不貪、不執、不取，安住在自己的覺性上，這樣才能真正了脫生死斷煩惱。要不然，無常在每一個人身上都會發生，不知不覺就搞上一個癌症，不知不覺就來上一個病，不知不覺就死掉了。

想想看，人身那麼珍貴，怎麼那麼快就讓它完蛋？所以要抓緊學習怎麼離相，《金剛經》要多看，「一切有為法」就是一切的現象都叫做有為法，都叫做「夢幻泡影，如露亦如電」。我們要常常這樣去觀察一切相不可得，才能夠顯現真我；假我就是隨波逐流，就會產生爭執、產生煩惱。大家要多行菩薩道，多結善緣、多做好事。

我的弟子一個一個老了，怎麼辦呢？走起路來老態龍鍾，耳朵又聽不太清楚，腳走起來又不怎麼方便，所以想來想去要趕緊證悟，沒有證悟以前，就會「死的很難看」。〈大悲咒〉要趕快好好地持，一天一百零八遍以上；〈大悲咒〉持完了，就持「阿彌陀佛」，這是最簡單的。大家常說時間不夠，要顧家、顧孫、顧小孩、顧房子，顧長顧短、顧很多的好好壞壞；要顧很多，沒有時間休息，沒有時間看自己；看別人比較多，只顧看別人，這樣自己不會賺到。我們真的要好好的念佛、念〈大悲咒〉。在這個混亂的世間、在這個末法時代、在這個經濟不景氣大風暴下，多持咒、多念佛，你一定會好的！阿彌陀佛！

慧命成長學院課程

　　靈鷲山慧命成長學院以「佛法人人可學」為理念，依「解行合一」的教育方針，結合《菩提道次第廣論》為骨幹的課程設計，構成身心靈的終身學習系統。今年慧命學院，承心道師父提倡愛與和平的理念，除了開辦佛學與世學系列課程，亦重視宗教與人文的課題，使學習者能敞開心胸，擴展內在心靈的視野，尊重各個生命與不同信仰。

學員們認真聽課的表情。

《源起‧緣起講座》專注聆聽的學員。

寶髻法師與兒童佛法班學員合影。

1】恆明法師教授《六祖壇經》
　　的課程。
2】高嘉陽老師的《生活瑜珈
　　課》。
2】林照富老師《太極導引》課
　　程中學員演練的情形。

2009年護法會全國委員暨儲備委員精進營

　　靈鷲山護法會分別於台南分院、永和講堂舉辦「2009年全國新科授證委員」與「儲備委員精進營」。新科授證委員與儲備委員（以下簡稱「儲委」）是靈鷲山傳承佛法、利益眾生的中堅力量。精進營讓委員與儲委對靈鷲山多一份認同、更多一份力量，也讓彼此在佛行事業上，相互扶持，不偏離正道，不忘失菩提心。

授證委員精進營，委員們專注地學習新課程。

1】儲備委員上課情形。
2】輔導委員傳授經驗給新科委員。
3】儲備委員精進營——委員分享成長的經
　　驗與歷練。
4】團隊合作。

1】儲備委員吸取資深委
　　員的經驗值。
2】儲備委員精進營，法
　　師為委員們介紹護法
　　會的歷史與傳承。
3】莊嚴的佛法大使。

2/27

拜會馬英九總統

　　心道師父率僧徒二眾，偕同靈鷲山建設總顧問漢寶德先，前往總統府拜會馬英九總統，並向總統介紹「華嚴聖山」建設藍圖。

心道師父及聖山建設總顧問漢寶德先生一同拜會馬總統（圖片提供：總統府機要室）。

3月

佛光山懷恩之行

　　心道師父為報星雲大師剃度之恩，率僧信四眾弟子返佛光山尋根、懷恩。星雲大師表示：希望心道師父從佛光山本山開展出來的靈鷲山佛行事業，能夠利益更廣大的眾生，更期許未來兩山常相交流互動，繼續弘法利生，廣利一切有情。

心道師父帶領弟子入山門。

1】佛教史上佳話——心道師父率弟子回佛光
　　山尋根。
2】就讀佛光山叢林大學時期與星雲大師合照
　　（心道師父於前排右三）。
3】26年後再相見，心道師父禮謝星雲法師當
　　年剃度之恩。

1】心道師父就讀佛光山叢林大學的住宿故地。

2】心道師父就讀佛光山叢林大學時期的早操情景（師
　　於左排最後一位）。

3】懷恩堂憶過往。

4】僧讚僧 —— 與星雲大師歡喜相會，大師期勉靈鷲山
　　四眾弟子今後一同弘法利生，廣利一切有情。

佛光山尋根之行合影。

斷食雲水禪三

在現代生活繁忙、飲食複雜的今天，正確斷食可清潔體內毒素，禪修可疏解壓力；1987年開始舉辦「斷食禪三」活動，吸引許多海內外人士參與體驗。今年分別於3月6日至8日、5月1日至3日、9月11日至13日舉辦三場雲水禪三，由法師帶領，在聖地山林中修習禪法，經行靜坐中觀照本心，輔以「有機蔬菜汁斷食」，由志工無私的服務，清理榨洗嚴選蔬果；在慈悲歡喜的場域中，讓身心靈自然領略最佳的禪修狀態，發現真心。

雲水禪三圓滿學員心得分享。

心道師父帶領禪修及開示。

1】在禪修中學習覺照我們的覺性。
2】照見心中的那一尊佛。
3】體驗戶外坐禪,讓心歸零。
4】山海間的修行,聆聽大海之聲也是
　　寧靜。

萬籟寂靜，我們聆聽自己，覺照本來。

雲水斷食禪三開示

禪修就是要觀自在，什麼東西不自在？在打坐的時候，什麼東西不自在？腿不自在，身體沒有辦法降伏就不自在；心東跑西跑、東溜西溜，到處竄，不自在，對不對？所以要攝心，把心攝在哪裡呢？把心攝在心。「心」是很難搞懂，不過清楚、明白就叫做心，我們要常常清楚、明白──攝心。

我們守著出、入息，讓自己的出、入息清楚、明白，把出、入息顧好，讓它不要跑掉了，不要讓它「走線」（台語）。我們的出入息一直在那裡，要清楚、明白地覺知它就好了。

聆聽一切的寂靜。一切的寂靜是什麼？什麼都是寂靜的。聆聽一切的寂靜，虛空大地，一切都是寂靜的！地板、牆、屋子都是寂靜的；那誰在聽呢？哪一個人在聽呢？

坐禪啊，一個是為了健康，一個是為了斷除煩惱、了脫生死。斷什麼煩惱呢？我們有生老病死，會輪迴三善道、三惡道；我們的心會隨著境取捨，得失、好壞、對錯，我們的心念隨著波動，見色生心、聽聲執相，我們的心念就是隨著境在轉。修法就是「心就是心」，不要隨著境而轉，不要隨著好壞而轉、得失而轉、美醜而轉，我們的心要放下。放下什麼呢？放下一切放不下的東西；用什麼去放下呢？用聽寂靜。我們慢慢在寂靜上養成慣性──聽，聽到不會注意到心的跳動、波流，聆聽寂靜。

耳朵就是橋樑，讓心在聆聽。聆聽是什麼？聆聽就是我們的覺性，我們的覺性在聆聽；覺性聆聽什麼呢？「有」、「沒有」？覺性在聆聽覺性。我們聽寂靜的聲音，我們的覺性在聽，能夠知曉寂靜、了然寂靜、安住於寂靜。找到覺性，它就不會隨著境相，產生流動的心念。所以，

聽，就是聆聽自己的覺性！

了脫什麼呢？了脫一切罣礙、了脫一切執著。罣礙什麼？我們有貪、瞋、癡，罣礙貪欲的東西、忿恨的東西、癡迷的境相。要放下聆聽，聆聽放下。我們流浪生死，主要是不認識我們的本來、不認識我們的覺性，所以流失在一切的有、無現象裡面。「認本還原」，這就是坐禪的目的！

什麼是本？聆聽那個聆聽；聆聽是什麼？也就是覺照的意思，聆聽就是覺照。你們覺照到什麼呢？覺照到「有」還是「沒有」？要覺照到我們的覺性。什麼是覺性？能覺之心；能覺之心是什麼？什麼東西不能覺？沒有辦法、不能夠覺的就不是覺性。身體只是傀儡、只是房子，房子裡面住了什麼？就是覺性。你是看房子還是覺性？或者，覺性跟房子全部聆聽？

你們現在聚精會神的在聽，這個有形嗎？有相嗎？你們聽了，這個是有什麼形象？沒有形象你怎麼聽呢？覺性就是清楚、明白，無形無相，無頭無尾，林林總總是什麼？就是聆聽，一直要藉由這個橋樑跟覺性做好的互動。

人生無常，不管老、少都是很無常。在這無常的生命裡面，我們會怕——怕死、怕沒有、怕不知道。在活著的時候，我們要能搞懂自己、認識自己，清清楚楚搞懂自己，自己是什麼？自己是四大和合——地、水、火、風，沒有一個是自己。所謂的自己叫做「我相、人相、眾生相、壽者相」，這些相叫做無常相，這是變化無常的。

今天，找到自己就是永恆，什麼是永恆？永恆就是我們的本來面目。什麼是本來面目？父母沒有生我們以前，未曾有造型的，這叫本來面目。父母生了以後，就有造型，隨著個人的福

德、因緣、業力，變成不同的造型，八萬四千種造型，千千萬萬的造型；唯心所造、唯識所顯；這些造型叫做「如夢幻泡影，如露亦如電」。

我們本來的面目是什麼？禪宗是這樣說的，「涅槃妙心、實相無相」。沒有造型以前，每一個人都有；有了造型以後，也沒有滅過、也沒有失去過。我們要好好的聆聽，聆聽我們本來的面目，聆聽我們所擁有的覺性。我們常常在覺性裡面打混，擁有也不知不覺；所以要靠禪修，靠不斷地禪修，不斷地警惕、覺醒，回到覺性的本來，那才真正離苦得樂。最後給大家問問題！

問一：師父，阿彌陀佛！聆聽寂靜！我每次都用一個念頭來告訴自己：「聽寂靜、聽寂靜。」就是用心智告訴自己，它在某種程度上也是「明明白白」的感覺？請教師父。

師父：耳朵要聽東西啊，它是很自然的；我們天天在聽，風吹草動都聽，就是聽不到自己的覺性。不用誰告訴你，就可以聽了，那是什麼聲音？火車的聲音、講話的聲音、男人的聲音、女人的聲音，都是自己會自動的聽。寂靜修只是一個引導，引導你能夠去聆聽，引導你聽到內在，從見、聞、覺知裡面拉回來，拉回來到聆聽。聽是本能，我們的耳根，「根」就是一個本能的意思，根、塵、識，塵就是相應耳朵聽到的東西─聲音。你很自然地就聽到，眼睛跟耳朵會同時配合去做什麼？著相生心。所以我們要離開見、聞、覺知，去聆聽。

比如說什麼叫寂靜？就是安靜的聲音，對不對？到底安靜的聲音是什麼？（香板一擊，啪一聲）這是有聲。這個是什麼聲音？（師舉起一隻手）有的聲音你聽得到，這個聲音你就沒聽到，

對不對？這個就是寂靜之聲。我們聽寂靜是聽「沒有」的聲音，就是沒有聲音的聲音，「隻手之聲」。以前，有一個小和尚，每一次他看到人家來問法的時候，老和尚就把手指頭舉起來，人家就懂了。有一天老和尚出去，人家來問法，他也這樣（師父舉手指頭）。之後，老和尚就說：「人家來問法，你是怎麼回應？」他就手指頭伸出來，老和尚就拿把菜刀把它切掉，小和尚就哭著跑出去。後來，老和尚又問：「人家來問法，你就怎麼樣？」小和尚又舉起手指頭，習慣性地舉起來；沒有指頭了啊，就開悟了。一個手指頭沒有了，就開悟了。

　　什麼叫寂靜之聲？安靜的聆聽。我們為了斷除煩惱、找到真理，為了了脫生死，我們聆聽什麼東西是生死。當我們需要導引的時候，聆聽，耳朵是很自然而然的聽，聽，就是叫你聽這個，

沒有分別心的聽；耳朵要加上識才會去分別，若沒有加上識，它是不會分別的。聽，無分別識地聽。耳朵雖然「逗到」塵、寂靜之塵，可是沒有識的話，它產生不了分別的作用。

問二：請問師父，佛教他力和自力的問題。

師父：其實他力也是自力，通通都是自力，沒有他力。念佛，誰在念？不是佛幫你念，還是要靠自己啊，沒有靠別人的，都叫自力。自己不念，不下個一、二十年的工夫，念佛怎麼念得成功？念不到念佛三昧，就沒有辦法得到感應，要自力啊！通通都是自力，只是方法是用佛的名號。臨終的時候「十念」，就是閉氣十念，這個閉氣十念也是平常要練的，到死的時候閉不了氣；念佛閉氣，一口氣念十聲，這都是自力。

問三：師父，我們什麼時候要以平常心去接受業力？什麼時候要嘗試改變它？

師父：業力是串的，你跟誰在串叫做業力，互相串就叫業力；當你不串的時候，就不是叫做業力了。當你跟自己串，自己是什麼？如果自己是這個身體、自己是想法，你就跟自己串，這個業力就是自己的想法；跟別人串，那就是有環扣互動，叫業力。你要改變什麼？不要去串，就是當下不善不惡的本性，如果串起來就是業力！我們唯論見性，唯論明心見性，那是要改變；不能明心見性，改變什麼都沒用！都是要生滅，無常、生滅。

問四：師父，寂靜修的時候，我一直在聲音裡頭找「聲音」的間隔，感覺就很糊、很難、很緊的樣子。

師父：不要去找那個空！聆聽，好好地聽，靜靜地聽，然後找聽的人是什麼人就好了。不要去找那個空檔、空格，只要找聽的人是誰。打妄想是不好的，明明叫你專心、攝心、觀照，你就想了一堆，就想「阿彌陀佛」的大小、間隔，這太累了，要休息，「歇即菩提」，讓你的心歇，休歇即是菩提。休歇你的心，聽的時候就是放下的聽，動念即乖，動念就不對了。安靜的聽，放下的聽，不作意的聽。

3/7～8

生命關懷種子教師研習營

　　世界宗教博物館與馬偕紀念醫院分別於3月7日至8日、8月6日至7日、11月21日至22日合作舉辦三場「生命關懷種子教師研習營」，藉由生死關懷、安寧療護、器官捐贈等議題的研討，以及教師之間的相互激盪，讓教師運用多元教學方法，豐富教學內容，積極引導學生認識生命、珍惜生命，進而思考如何發揮生命的大愛。本系列活動計有二百名高中教師參加研習，每位教師都是傳播生命關懷的種子。

生死關懷種子教師研習營，學員參觀世界宗教博物館。

1】王蜀蕎老師──獨臂舞手畫說人生的經
　　驗。
2】學員至馬偕紀念醫院安寧療護教育示範
　　中心參觀安寧療護沐光屋。
3】學員至馬偕紀念醫院參觀安寧病房。
4】曾國榮牧師與學員合影。

3/13

龍應台訪師

知名作家龍應台專訪心道師父,重現1949年前後,緬甸孤軍來台始末,也讓師父回想起滇、緬邊境的童兵歲月。

龍應台為新書創作來山專訪心道師父,師父口述歷史,重現滇緬的童兵歲月。

1】心道師父與龍應台於祖師殿前翻閱書籍討論。
2】心道師父與龍應台於觀海台上欣賞山海一色的風景。

富貴金佛遶境

　　2008年時值全球經濟低迷，蒙泰國僧皇智護尊者贈與國寶──「富貴金佛」壽禮，心道師父為祈祝民生利樂、國運昌隆、世界和平，特別將富貴金佛迎請到南台灣工業重鎮──高雄，期以富貴金佛召喚全民的信念與熱情，開啟「富而不驕，貴而不矜」的社會新氣象；並聯合宗教界推動公益，呼籲大眾樂善好施的風俗，蓄積富貴福報，成為使人人生活豐足、心靈富饒的全民富貴運動。此次「迎接富貴金佛──普照南台灣」遶境活動，除了為台灣的經濟命脈加持之外，更是促進民間宗教交流、安定人心；同時於遶境期間，啟建2009年靈鷲山水陸空大法會第三場先修法會，共修《佛說雨寶陀羅尼經》。

富貴金佛至高雄地區舉辦遶境儀式，祈求經濟繁榮，讓民眾在面臨金融海嘯之際，獲得心靈的安慰與力量。

1 】於市政府前廣場舉辦「祈福活動」，由高雄市長陳菊代
表高雄市民「簽收富貴」。
2 】心道師父發送結緣品給遶境隊伍之一的哈雷機車隊員，
並隊員們與師歡喜合影。
3 】金佛於代天宮安座，許多民眾攜老扶幼前來獻花祝禱。

1】金佛遶境至高雄縣大發工業區，勞工們恭敬獻花。
2】心道師父四位富貴小天使台上合影。
3】金佛遶境──高雄中油大林廠灑淨。

1 】金佛遶境活動，小朋友表演內門鄉傳統藝術「宋江陣」架勢十
　　足。

2 】金佛遶境隊伍「高雄市騎警隊」也一同參與活動，帥氣十足。

3 】懸掛在祈願樹上的祈福卡，代表著人們對未來的希望；而心靈
　　的富足，更是每個人生生世世的財富。

3/22

富貴金佛遶境祈福法會開示

各位貴賓、各位大德菩薩，大家吉祥，阿彌陀佛！今天大家歡歡喜喜的迎接富貴佛，有的一大早就從很遠的地方來到這裡，有的昨天參加遶境忙得很晚，今天也是早早就來到會場，更有的幾個月前聽說富貴佛要來，已經做了很多的準備。為什麼呢？因為大家都喜歡富貴，尤其最近大家生活過得辛苦；有的雖然生活過得不那麼苦，但是看了報紙、看了電視，那麼多混亂的訊息，心裡也覺得苦。

在南部、在高雄有的人沒有工作，到處找工作很辛苦，心裡覺得很辛苦，身體也會覺得很辛苦，因此身體老覺得痠痛，臉上看不到笑容，嘴巴到處抱怨。所以大家要來向富貴佛行禮，祈求富貴，讓自己的心裡得到富貴。因為富貴佛很特別，你不喜歡祂，祂一定會離你遠遠的；你常常跟別人訴苦，富貴佛也不會理你；你的心裡空

虛、不知足，富貴佛也會避開你。要和富貴佛親近，需要常常說好話，讓自己生活過得富足、豐富，富貴佛就會來找你。

富貴的敵人就是貧窮。為什麼會貧窮？最重要就是心貧窮。只要是心貧窮，什麼都窮。有的人口袋剩下一塊錢，覺得很窮。有的人雖然口袋只剩下一塊錢，卻想著「我還有一塊錢可以幫助人」，心裡就覺得很富足。那你說，兩個人身上都有一塊錢，為什麼一個覺得貧窮，一個卻覺得富有？可見得物質的貧窮不是真窮，心理的貧窮才是窮。有的人已經有五億的財產，但是子孫都不在身邊，鄰居也不敢找他聊天，甚至夫妻常常吵架，兩個人面對面卻沒有話說。他跟師父說：「我好窮！」為什麼？因為他不曉得為什麼要賺那麼多的錢，他生活的目的是什麼，他從來沒有思考過要過什麼樣的人生。那你們想看看，富貴

佛會跟他結緣嗎？

我們把富貴佛迎到南部來，迎到高雄來，大家要簽收富貴，簽收「愛與和平地球家」的富貴禪機。大家都要富貴，大家都要滿足，那麼大家都要有富貴的正思惟：「內心不缺是富，學佛是貴，知足、學佛就是富貴」；「不讀法華，不知佛智慧，不讀華嚴，不知佛富貴。」現在社會往往愈現代愈自私，愈西化愈自我，帶來很多全球的問題，戰爭、生態破壞、貧窮……等。這次迎接富貴佛來台，是為了給台灣帶來富貴的契機，讓我們從施捨善願中感染富貴的氣息。真正的富貴，不在於你擁有多少，而在於你可以施捨多少。很多人到了山窮水盡的時候，也依然比家財萬貫的人富貴；因為他什麼都沒有的時候，他還可以給別人微笑，對別人懷有善意，這才是真正的富貴。迎接富貴金佛，求錢求財是微小的富貴，樂善好施才是大富大貴。靈鷲山從聖山開始做起，每一個地方都是讓人發菩提心，每一個地方都是讓人建設無量的功德，就是建設出華嚴世界，也是遍處菩提心的正覺成就。建設華嚴聖山的目的，就像蓋一座燈塔，來照明、來養德，讓心靈離苦，這是聖山建設的本質。聖山寺的建設，也就是金佛園區的計畫，目的只是有一個：造福地方、造福台灣、造福人間、造福世界。

我們希望華嚴聖山計畫，造就一個世界的佛教修行地方，也是類似世界公園的地方，是人間淨土、華嚴世界。當我們頂禮佛像、鑄造佛像、瞻仰佛像時，心中要想想成道的聖者萬德莊嚴。所以聖地、聖蹟的建築，是在各位內心呈現的莊嚴，好讓世界的眾生，可以在不同的時間，卻在同一個空間裡得到一樣的修行聖境；這也是我們為什麼要保護聖蹟、重建聖蹟、興建聖蹟，就是

這一份利益眾生的使命。

　　當全球化的時代來臨，我們希望以和平演進方式，來維繫地球的共同存在。但和平不會自己發生，我們必須透過宗教來啟發它、透過對話來創造它、透過教育來延續它，才能共同散播和平的種子。以總本山為核心的靈修場域，將聖山能量輻射到全球各地的聖山道場、閉關中心，作為人們身心靈安頓的修行聖山。

　　我們這一次來到南台灣，覺得眾緣和合，讓富貴佛在巨蛋祈福，來為高雄做最好的富貴普照，這是大家的福報。這一次，有了富貴金佛馬不停蹄的遶境，包括到市政府、中油、中鋼、台船、軟體科學園區；也做了宗教的交流，代天宮、三鳳宮、鳳山的龍山寺，一同推動富貴，讓全民富貴，這是一個很難得的聯合。

　　這一次富貴佛的遶境、踩街，讓人人都滿心歡喜，帶給大家希望，帶給大家信心、平安與富足。今天這個祈福法會，則是一個圓滿的法會，而且在這個時刻誦這部《佛說雨寶陀羅尼經》，也稱作「一切財寶伏藏」，就是消除疾病、貧窮，賜給財富的經典。這部經典的緣起，是一位妙月長老請示佛陀，他一直都是布施，錢都布施光了，到最後不曉得怎麼辦？他就請示佛陀如何去除貧窮與疾病？世尊就跟他講這部經，讓貧窮的人得到大財富，並且能夠廣布施給身邊的親屬朋友也不會匱乏。這就是說，不是只有自己發財，而是要人人發財、要大家發財的法門。

　　最後，我們要勤奮努力，要面對金融風暴，要正面、積極、樂觀、愛心，能捨能給，那人人都會富貴。期望這一次的法會，讓大家身體健康、事業順利、富貴平安、富貴年年，大家吉祥，阿彌陀佛！

心道師父訪白雲老禪師

　　心道師父分別於3月21日、7月18日兩度拜會千佛山開山住持白雲老和尚，老和尚高齡九十餘歲，仍精神鑠爍、神清氣朗。師父與老和尚兩位禪師相見甚歡，言談互動間，但見自在、解脫，於佛法傳承同表期許與勉勵。

心道師父與高齡九十五歲的白雲長老相見歡，長老開示機鋒凜冽，現場後學納受良多。

3/22

基隆講堂清明懷恩地藏法會

稟承心道師父超度幽冥的悲願，基隆講堂由1994年啟建「基金、淡金、陽金公路超度法會」，數度超薦罹難亡靈；為祈安定地方、護念生靈，已連續十三年於清明時節，啟建「清明懷恩地藏法會暨瑜伽焰口法會」，並設置公益牌位與大眾結緣，會後供品贈與育幼院。今年，更增設財寶天王富貴祈福區，讓民眾植福祈願，安度低迷的幽谷。

「清明懷恩地藏法會」祭祖祈福，安定地方，護佑生靈。

基隆講堂啟建「清明懷恩地藏法會暨瑜伽焰口法會」。

１２】志工群像 —— 法會
　　　前的準備工作。
３】信眾專注念誦。
４】富貴祈福卡。

札西慈仁仁波切訪無生道場

　　藏傳佛教格魯派札西慈仁仁波切參訪無生道場，並拜會心道師父。即將接任德蘭薩拉下密院住持的札西慈仁仁波切，雖然在靈鷲山僅短暫停留，但爽朗、親切的笑容，讓眾人留下深切的印象。

德蘭薩拉下密院住持札西慈仁仁波切參訪靈鷲山無生道場，與心道師父晤談。

仁波切與心道師父相見歡、獻哈達。

心道師父與仁波切相互道別。

3/28～4/1

心道師父應邀參加第二屆世界佛教論壇

　　中、台、港、澳兩岸四地佛教界首次攜手合辦「第二屆世界佛教論壇」，分別在江蘇無錫及台北兩地接續舉行；心道師父應邀與會，與來自全球近一千二百餘位三乘傳承之高僧大德、專家學者、社會賢達齊聚一堂，互動交流、討論佛教與世界和諧之展望。

分組討論——心道師父發表演說。

1】無錫靈山梵宮，與會宗教領袖
合照（心道師父位於前排中
間）。
2】各佛教界代表齊聚論壇主會
場——無錫靈山梵宮。

1）心道師父與中國佛教協會
　副會長明學長老。

2）心道師父與斯里蘭卡大菩
　提基金會索比塔長老合
　影。

3）心道師父與聯合國千禧年
　世界和平宗教高峰會議秘
　書長巴瓦·金合影。

4）4月2日佛教論壇閉幕式
　後，國際友人來山參
　訪：（左起）印度摩訶菩
　提國際禪修中心創辦人
　Sanghasena、斯里蘭卡佛
　教索比塔長老、心道師
　父、菲律賓安寶精舍遠光
　法師、世界宗教理事會創
　辦人之一Gene Reeves。

4月

護法會四季幹部營

　　靈鷲山護法會分別於4月3日（7日）、5月23日至24日、9月26日至27日、12月12日至13日舉辦四季幹部訓練營，邀請各區會幹部齊聚一堂，加深對靈鷲山宗風「慈悲與禪」的認識與瞭解，是教育也是傳承，彼此交流學佛、弘法的心得與經驗，討論如何更廣利眾生。靈鷲山護法會於1991年成立，2002年開始舉辦四季幹部營，從不斷反省與檢討中，改進組織運作，讓護法巨輪得以永續轉動。

4月3日護法會北場幹部春季營於永和講堂舉辦。

4月7日護法會南場幹部春季營於台南分院登場。

1】5月23～24日護法會幹部夏季營暨新
　　科委員授證大會。

2】台下的委員們昂首恭敬的姿態，個
　　個端正莊嚴，是靈鷲山弘法利生事
　　業的推手。

3】總會執行理事吳碧雪師姐多年來為
　　心道師父以及教團的付出，獲得心
　　道師父的肯定與感謝。

4】心道師父肯定的掌聲，鼓勵在場所
　　有委員。

5】委員代表為新科委員佩帶領巾，賦
　　有傳承的意義。

1】委員代表贈送花束給授證的新科委
　　員。
2】心道師父頒贈授證紀念狀，新科委
　　員們歡喜納受。
3】心道師父票選隊呼優勝隊。
4】9月26～27日護法會秋季幹部營暨中
　　秋聯歡晚會，各區會隊呼表演。

1】 12月12日～13日，護法
會幹部冬季營於無生道
場舉辦。

2】 用溫暖的慈悲心照耀整
個世界，加油。

冬季幹部營開示

我們的法師們、兩位老師、總會執行委員、執行長、委員、各位幹部大德們，大家吉祥！大家好！我們尊敬的幹部們大家辛苦了！一年四季真的很難得，平日就常常要大家參加這個、參加那個，又有很多法會。但大家是這麼喜歡靈鷲山的美好，希望讓靈鷲山成長、壯大，也希望因為我們的存在，能夠造福社會、國家、世界，所以一年四季都要大家不辭辛勞的回來山上充電。

現在是一個地球家的時代，隨時隨地都會有很多不同的國家到我們的道場，大家也常常會接待到不同國家的人，所以，我們除了把自己的宗風——「慈悲與禪」發揚得很好，也要關注地球暖化的問題，這是全人類都在關注的問題。

這一次師父到墨爾本參加世界宗教大會，第一個談的就是環保的問題，大家都很重視環保跟地球暖化的問題，「我們怎麼拯救地球？」；第二個就是談衝突：「我們是不是能轉換衝突？」靈鷲山在「轉換衝突」的問題上，已經做了十幾年了；在博物館還沒開館以前，我們就開始在做宗教交流。世界宗教博物館成立以後，我們就辦了「愛與和平地球家」基金會，也一直在推動博物館「尊重、包容、博愛」的理念：每一個人都要尊重每一個人的想法、尊重每一個宗教，要包容不同的族群、不同的黨派、不同的國度，博愛每一個生命；共同創造地球的和諧、愛與和平。

靈鷲山現在做的是不是這樣呢？我們要締造華嚴聖山，用我們這個靈鷲山做一個基礎、做一個共同凝結的地方，用聖山這個燃燒點來接引世界、照亮世界，締造華嚴世界，大家共同來推動「愛與和平地球家」，愛地球、愛和平的工作。一開始，世界宗教博物館，它就是跟世界接軌；因為這樣子，我們成立了護法會，一同來推動

「愛與和平地球家」這美好的願景。所以，我們的理念是什麼呢？「締造華嚴聖山、共創愛與和平地球家」，這是我們發亮、發光的地方，共同來推動愛與和平地球家。

靈鷲山的特色是什麼？一直在做的是什麼呢？除了「愛與和平地球家」以外，我們一直在做慈悲的事情，對不對？如果沒有愛心，大家絕對不會跟著師父的；就是很有愛心、很有慈悲，大家才跟著師父做了這麼多。經過一、二十年的努力、奮鬥，我們做出靈鷲山的一片天地。這個天地是什麼？就是我們的信心、我們的愛心，對不對？做為一個佛教徒，我們必須把自己的心管理好，我們做那麼多慈悲的事，可是我們內心脾氣、品德不好，我們做的就打折扣，是吧？我們真的要賺到，就要有慈悲又有修行。所以我們要用禪來守護我們的心、守護慈悲；用慈悲心守護禪、守護心。所以，「慈悲與禪」就是靈鷲山的宗風。

師父的特色在哪裡？在宜蘭的時候，我最多的時間就是在坐禪、修行，不是在墓地，就是在破漏的屋子，後來又遁居山洞。師父就是用修行帶著大家做慈悲的事情，用慈悲的事情帶大家修行。我們靈鷲山就是用慈悲心來接引大家都能夠學佛、都能夠觀照自己的心；用觀照自己的心來守護慈悲、來推動慈悲；像師父，先是苦修，然後就做博物館、做對社會大眾有利益的事情。其實最有利的事情，就是接引大家來學佛，才是能夠真正離苦；我們給別人的任何好處，這些都是短暫的。我們運用各種善巧方便，像是提供獎學金、做慈善，都是為了接引大家來學佛；學佛以後才能夠真正的「出脫」。

我們靈鷲山的特色，就是從師父的禪跟慈悲來的。師父最信誰？（大眾：觀音菩薩！）對！當然，除了釋迦佛，最讓我 "touch"（英語：感動）

的就是觀音菩薩。師父就是坐禪、禪定；除了坐禪以外，就是做慈悲的事情，那是大家跟師父一直沒有斷層過的。以前我們沒有理清楚，現在我們認清楚「慈悲與禪」就是我們靈鷲山的宗風。大家認清楚了以後，這就是我們的定位、使命、目標、宗風。我們從法師身上可以看到慈悲與禪；也可以從幹部身上看到慈悲與禪，大家一定要把這兩個好好地做好，人家一看靈鷲山就是「慈悲與禪」。慈悲就是遍滿一切、禪是心，我們守護著我們的心，我們觀照我們的心，讓我們品德、品質提升，再去關心一切，用慈悲去造福一切。

剛才師父談我們的願景、志業，我們的志業是什麼？宗博跟水陸法會。宗博是我們跟世界接軌、共創愛與和平世界一家的地方；那水陸法會是在做什麼？水陸法會就是在做慈悲的事情，讓一切眾生離苦，讓一切眾生能夠解冤解業。一切的解冤解業

都要從懺悔做起，水陸法會就是懺法，就是把懺悔做好。水陸法會就是慈悲一切幽冥界眾生，冥陽兩利，除了利益生者，也超度無形的眾生，讓他們也得到很多的利益。

靈鷲山的特質是什麼？就是「慈悲與禪」。慈悲是什麼？慈悲就是奉獻生命。我們要把生命奉獻出來，就要先覺悟生命，才能夠奉獻生命。禪就是覺悟生命，慈悲就是奉獻生命；覺悟生命才能夠奉獻生命，沒有覺悟生命，自己都沒有辦法弄清自己，哪有辦法談到奉獻生命？所以，要先覺悟，然後奉獻。所以，禪就是覺悟生命，慈悲就是奉獻生命，這就是「慈悲與禪」的定義。

靈鷲山的宗風落實了以後，就是佛法的傳承。靈鷲山多久了？（大眾：二十六年。）護法會？二十年，對不對？覺得長、還是短？如果結婚二十年，長不長？長！二十年算長的一個時間；這段期

間，我們起起落落，好好壞壞，一起成長過來到現在。一個教團如果沒有一些波折、沒有一些起伏，這個教團不會鞏固、不會團結。靈鷲山這經過這些波折、起伏以後，讓我們更有防禦力、免疫力，也更團結。

所以，未來我們會更成長，也就是更能做好佛法的傳承，也就是成就華嚴聖境。我們共同的凝聚點、共同的成果展現在哪裡呢？華嚴聖境。一百年以後，我們連骨頭都看不到了，但是我們一起來締造華嚴聖山，這個地方將是延續靈鷲山精神的地方。將來這裡會有一百零八根佛的頭髮，神不神聖？全世界沒有的！還會有大禪堂、舍利聖塔，其中會放佛的舍利、一百零八根頭髮。再來，我們要做僧伽學院，這是教育、傳承的地方；還有宗教和平大學。

這些都是誰做的？呵呵！你們做的。師父想點子，然後你們搖旗吶喊、出錢出力。我們最好的成就，就是聖山、教育，這是我們大家共同努力的。一千年以後，這個地方還會繼續轉，一直傳承下去。我們努力一直做下去，子子孫孫都會受到這個傳承、教育的好處。這二十幾年，大家跟著師父做了這麼多傳承佛法、利益眾生的事，師父只有更敬愛大家、敬重大家，也很感恩大家跟師父一起來推動 "happy"、"luck" （英語・快樂・幸運）這樣神聖的工作，也是快樂、平安的神聖工作。

團隊就是需要共識，沒有共識常常就會有誤會、衝突，我們的推動弘法志業，效果就會打折。雖然大家每一季花這麼多時間來參加這個幹部營，但是我們達到了很好的共識效果，我們的團隊才是有力量的，我們絕對會成功的，對不對？希望大家今天、明天都非常的有精神，共同把我們的傳承，盡心盡力的去完成。

尼泊爾參訪閉關行

　　心道師父赴尼泊爾，拜會寧瑪錫欽噶陀傳承上師毘盧仁波切，並應邀參加竹巴噶舉第十二世嘉旺竹巴法王天龍彌陀寺開光大典。毘盧仁波切自1997年起將寧瑪錫欽噶陀法教，完完整整授予心道師父，期勉師父弘揚金剛乘教法、廣利有情。此次難得的聚首，讓毘盧仁波切與他如日如月的兩位心子——心道師父與竹巴法王相聚，是彌足珍貴的傳承交流，也是菩薩道上的勵志佳話。

錫欽毘盧林寺

4月5日心道師父抵達錫欽毘盧林寺，喇嘛手持哈達恭迎心道師父蒞臨。

1 2 】 僧眾以密教傳統向心道師父獻供。
3 】 全寺僧眾排隊祈請心道師父加持。

1 】父親毘盧仁波切(左)與兩位心子心道
　　師父(右)、竹巴法王(上)。
2 】4月6日心道師父向上師毘盧仁波切
　　獻供金剛杵。
3 】心道師父參觀天龍彌陀寺閉關房。

1 】 天龍彌陀寺殿內開光法會現場，心道師父
　　與確袞仁波切滇津確吉嘉措比鄰而坐。
2 】 4月8日天龍彌陀寺開光大典，僧眾手持法
　　器繞塔修法。

4/7～9

第六屆
杜拜國際人道救援與發展研討＆博覽會

　　由於2008年在緬甸納吉斯風災人道救援與災後重建的傑出成果，靈鷲山應2009年第六屆「杜拜國際人道救援與發展研討＆博覽會」（Dubai International Humanitarian Aid and Development Conference and Exhibition, DIHAD 2009）邀請，與外交部NGO委員會、衛生署、國家合作發展基金會共同參加本屆會議；本屆主題為「強化社區災後發展能力」，聯合國和全球國際救援組織重要領袖暨百餘個國際救援組織及救援之相關產業廠商均出席盛會。

法師與台灣代表們合影。

參觀的群眾索取靈鷲山相關資訊。

與佛做朋友——093山海修行體驗營

靈鷲山三乘佛學院舉辦「與佛做朋友」學佛系列活動，首度推出四場的「093山海修行體驗營」，分別於4月11日至12日、5月2日至3日、6月20日至21日以及7月18日至19日舉辦。邀請大專青年來到山巔海角的靈鷲山，投入大自然的懷抱、聆聽大海的聲音，認識靈鷲山的歷史跟環境，體驗心道師父的禪法，享受寧靜與和諧，學習「與佛做朋友，其實就是跟自己作朋友」，淨化忙碌、騷動不安的心靈。

敞開心胸，認識彼此。

１２】重尋靈鷲山歷史。
３】普陀巖。
４】藉由影片開啓年輕人佛學的興味。

【1 2】行禪──體驗動中禪修。
【3】朝山。

1 2 3 4】共同耕耘「菩提心農場」。

1】吸收森林的養分——戶外養生功法。
2】大夥兒一起唱「善種子願力之歌」。
3】山與海，是我們修行的天地。

4/11

聖山寺春、秋祭典

　　靈鷲山聖山寺於2001年啟建春季祭典後，每年於清明、重陽前後舉辦春、秋兩季超薦祭典，每年祭典，一方面讓親屬藉由法會禮敬祖先，再則也為東北角海域、福隆境內亡靈孤魂等眾超薦，讓一切天地山川靈祇及無祀孤魂得以安靈、護佑百姓。今年於4月11日及10月24日，分別啟建「共修《一切如來心秘密全身舍利寶篋印陀羅尼經》暨三大士施食焰口法會」及「大悲觀音度亡圓滿施食法會」。

施食焰口，眾生得度，長養慈悲的菩提心。

1】啓建法會利人天，共修功德廣無
　量。
2】三大士施食焰口──焚化牌位，祈
　送眾生歸向極樂。
3】聖山寺春季祭典啓建共修《一切如
　來心秘密全身舍利寶篋印陀羅尼
　經》暨三大士施食焰口法會。
4】此次聖山寺秋季祭典結合「大悲觀
　音更密無上圓滿施食」，於福隆國
　小擴大舉辦。

聖山寺秋季祭典
大悲觀音更密無上圓滿施食大法會

4/12

富貴金佛「泰國潑水節」

桃園縣政府與泰國貿易經濟辦事處舉辦「泰國潑水節」慶祝活動，迎請靈鷲山富貴金佛安座桃園巨蛋體育館，供泰國勞工朋友頂禮祈福，一解回鄉過節的渴望。

泰國九位高僧誦經祈福。

1 】台下的勞工朋友虔誠合十、默禱祈
　　福。
2 】「富貴金佛」在熱鬧的鼓隊前引
　　下，緩緩啟駕繞行體育館一周，將
　　整個潑水節的活動帶到第一波高
　　潮。
3 】「泰國潑水節」讓離鄉背井的勞工
　　朋友們一解思鄉之苦，彌補無法回
　　鄉過年的遺憾。

4/18

企業生活禪

　　靈鷲山企業雲水禪，開放國內外各企業、社會團體參加，彈性舉辦一日或二日禪修課程，讓平日忙碌於工作的社會人，在和諧、自然、樸實的環境中坐禪、行禪，放慢生活步調，沈澱壓力，讓身體充氧，體驗禪修的妙處，重新反省、沈思生命的態度，充足精神再出發；也加深團體成員間的凝聚與向心力。

2009年靈鷲山企業雲水禪場次一覽表

日期	團體
04/18	景文科技大學、碩博文化公司
04/19	台北縣邁阿密社區
05/14～15	安泰人壽北5區保險業務人員
06/18	台北縣政府警察局林國棟局長 暨一級主管
08/02	永心讀書會
10/05	中國大陸福建三盛地產集團

晨光中的養身功法。

１２】在開山聖殿中坐禪、行禪。
３】探索靈山勝境──多羅觀音道場。

1】入此空性之門，進入心靈智慧的
　　殿堂。
2】擺脫束縛——戶外行禪。
3】森林行禪。

1】身呼吸，坐禪。
2】邁出成佛的步履──夜間行禪。
3】共修。
4 5】中國大陸企業團體也慕名前來參
　　加企業禪，感受不同的禪味。

4/18

與佛做朋友——哈佛族心生命探索營

　　靈鷲山三乘佛學院分別於台中講堂、蘭陽講堂、台南分院舉辦「與佛做朋友——哈佛族心生命探索營」，讓學員從認識生命、喜歡生命、欣賞生命的過程中，學習佛的美好生命特質，找回本自具足的快樂能量，創造出生命的「心」價值。

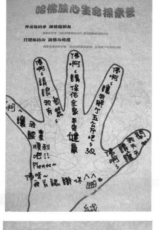

心手相應，彩繪心願。

1 2 3 4 】學佛的第一步 —— 佛門行儀教學。

1】專題討論。
2 3】生命心分享：小組報告與回應。

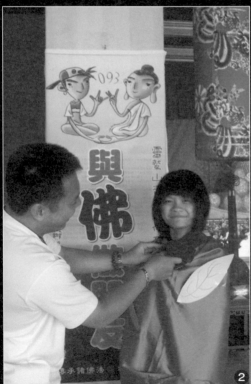

【1 2 3 4】喜歡生命、欣賞生命──
　　　　佛陀成道的故事。
【5 6】禪坐實修。

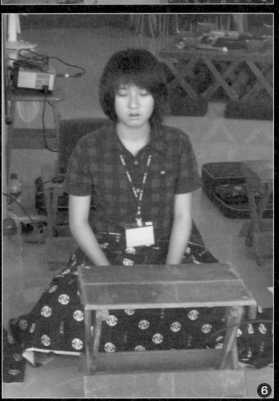

1 2 3】供燈祈願，傳續慧命。
4 5】哈佛族大合照。

和平之書——以色列藝術家珂朵羅女士畫展

世界宗教博物館與以色列台北經濟文化辦事處合作推出「和平之書——以色列藝術家珂朵羅（Dr. Dorit Kedar）女士個展」。「和平之書」個展描繪不同宗教及信仰中，靈性探索的歷程；透過畫作，引領觀者進入奇異的探索旅程，在深深陷落的同時，感受靜謐的覺觸，獲得一種發自內心的喜悅之情，這也是各宗教共同追求的「和平」之鳴！珂朵羅開放的藝術之眼，呈現出一種跨宗教的靈性思考與人文情懷，正與宗博館「尊重・包容・博愛」的創館理念不謀而合。

1】「和平之書」為珂朵羅首度在遠東地區推出個展——展覽內容包含七個宗教信仰的子題，透過作品，探討不同宗教傳統及信仰上的交集。

2】不同文化、不同種族、不同宗教信仰，在彼此靜觀的凝視中，穿透了所有差異、尋找到內心的和平。

3】珂朵羅重視各宗教理念中所闡述的和平，並將豐富的哲理、藝術才能與她多元的文化背景交融灌注於她的畫作。

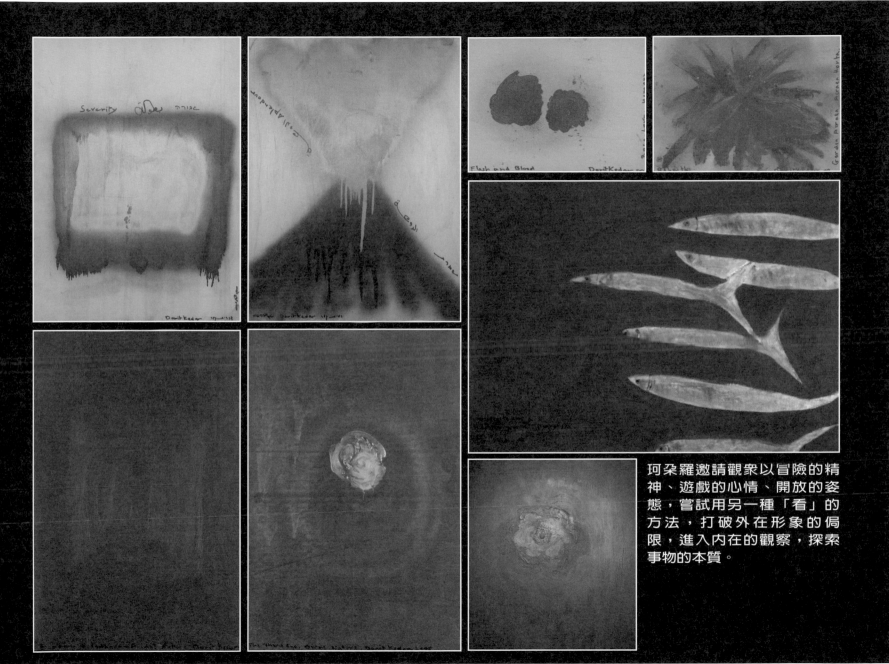

珂朵羅邀請觀眾以冒險的精
神、遊戲的心情、開放的姿
態，嘗試用另一種「看」的
方法，打破外在形象的侷
限，進入內在的觀察，探索
事物的本質。

1）4月28日，以色列駐台北辦事處代表甘若飛與家人及藝術家珂朵羅女士一行人，來到靈鷲山無生道場與心道師父進行一場宗教與藝術的對話與交流。

2）珂朵羅獻給心道師父的畫作——以結合慈悲和勇氣的能量「曼陀羅」，這兩個極端所混合成智慧的畫作。

3）珂朵羅解說心道師父抽到的塔羅牌的意義。

4/25

全球寧靜運動

靈鷲山教團發起「全球寧靜運動」,以「合十手勢」提醒世人隨時隨地讓心靜下來,以寧靜為獻禮,祈願全體地球公民在動盪的時局中皆能身心安定,回歸清淨無染的初心;並於台北市大安森林公園舉辦「全球寧靜運動──萬人禪修」,由心道師父帶領大眾體驗「平安禪」,享受寧靜,回到心的原點。

在寧靜中把真實的生活找回來,喚醒我們與大自然的聯繫,才能夠享受生命。

寧靜

RANQUILITY

1 2 】以寧靜為獻禮，回歸清淨
　　　無染的初心。

3 】小朋友戴著寧靜手環雙手合
　　十。

4 】世界宗教大會理事會副執行
　　長Zabrina Santiago展示寧靜
　　手環。

寧靜 TRANQUI

www.093.org.tw

1】心道師父與各代表貴賓宣讀寧靜宣
　　言。
2】寧靜音樂會——樂器演奏。
3】寧靜音樂會——舞者隨著音樂旋轉
　　身體。

1 】暮色漸沉，跟隨著心道師父開始吸氣、吐氣，心
也沉寂下來。

2 】在微雨中隨著心道師父的引導，傾聽內心的寂
靜。

3 】慢慢的聆聽，慢慢的接近自己，你將會見到真實
的自己。

聆聽無聲之聲。

全球寧靜運動開示

我從小於戰火中成長，經過人世間最混亂的場面，見識過人類最殘酷的畫面，無情的殺戮、貪婪的掠奪，每每都讓我懷疑人世間的真與善是否依然存在？一次又一次的定心沉思後，我感覺到人心最渴望的，就是內心的寧靜！我也領悟到戰爭無法帶來和平，唯有寧靜可以創造和平！當你受到指責或感到忿怒時，記得先讓自己的心保持寧靜；如果我們的心只看到黑暗，光明就永遠不能透入我們的心，寧靜讓我們看到世界的美好，讓我們的生命重新發光。唯有我們的心和平了，世界才能真正和平，要到達寧靜的心，讓我們從雙手合十開始。

自從我們推動了「尊重每一個信仰，包容每一個族群，博愛每個生命，共同創造愛與和平地球一家」的使命以來，我跑遍了全世界的國家，目的是期望這個世界真的愛和平、愛地球。所以我覺得要有一些行動，就是我們看到這個地球不寧靜、人們不寧靜、人的心不寧靜、社會不寧靜，因為不寧靜產生了衝突、產生對自然的破壞、產生對人與人之間彼此關係的破壞，我們不得不做一個社會運動——寧靜這個世界。讓我們不要再破壞地球的平安，我們寧靜這個世界；讓我們不要衝突、戰爭、殺戮，我們寧靜這個社會；希望這個社會更美好、更和諧、更有愛心。我們寧靜自己，讓自己沉澱、溫和，讓自己和諧，我們共同推動這份的寧靜。

心不寧靜就會彼此殺戮，因為我們的貪婪，就會掠奪、就會爭奪。我們的心不寧靜，就會製造社會的衝突；我們的心不寧靜，我們自己本身就沒有辦法安定，沒有辦法還原。我們心外求，所以世界就不和平了；如果我們寧靜下來，心不外求，我們的內心才能夠真正的和諧。

　　因為我們外求、不寧靜，所以我們在地球上予取予求，破壞了地球的生態組合。人跟人也沒有辦法寧靜下來，彼此就是貪染、鬥爭、你奪我鬥，彼此之間沒有辦法寧靜，就會起了對立關係，對立關係就會造成這個世界的矛盾跟衝突。

　　這個時代就是資訊太多、意見太多、想法太多。所以我們寧靜自己的想法、寧靜自己的資訊、寧靜自己的貪婪，把心找回來，讓心寧靜下來。心不外求，心自然住在心，而不是住在一切的欲望裡面、瞋恨裡面、癡迷裡面。如何離開這個外求的心？就是要寧靜！

　　所謂的寧靜，就是觀照自己的心，而不是觀照外在的一切現象跟變化。我們的心寧靜了以後，你就會看到它的存在。寧靜的時候，看到心的空間；不寧靜的時候，看不到心，心的空間不見了、窄小了。所以寧靜了以後，我們可以看到美好；這個社會混亂、衝突，而且互不信任，寧靜下來以後，我們會覺得每個人是無爭、和諧，彼此之間感覺到更親切了。寧靜下來，觀看自己的心，讓心離開一切的貪染、對立、迷惑，心回到心，就能夠安靜、安定，能夠寧靜下來！

樹林中心啓建華嚴懺暨瑜伽焰口法會

　　靈鷲山樹林中心從2006年起，每年於浴佛節啟建
「華嚴懺法會」，今年延續傳統，啟建「華嚴懺暨瑜
伽焰口法會」，以禮佛拜懺的供養感念佛恩，並回向
災難危機盡皆消除，社會安定人民安樂。

華嚴法會主壇城。

釋迦牟尼佛像。

1】七色蓮花燈供佛。

2】法師進行瑜伽焰口儀軌。

3】華嚴懺共修。

4】文殊普佛,法師帶領大眾雙手合十繞佛。

5月

蘭陽講堂萬佛燈會

　　靈鷲山第一場大型法會係於東區舉辦之「萬燈供佛大悲法會」，為慶祝釋迦佛聖誕並銜續此傳承，以「一佛出世，萬佛禮讚；供一盞燈，結萬佛緣。」為理念，2007年蘭陽講堂開始每年啟建「萬佛燈會」。今年啟建「萬佛燈會暨八關齋戒法會」，三永日不間斷持誦釋迦牟尼佛聖號，祈願將良善的溫暖帶給社會，讓大眾在點燈祈福時能夠發顯內心善的種子，從自己出發進而為社會帶來和諧。

萬佛燈會——一佛出世，萬佛禮讚；供一盞燈，結萬佛緣。

八關齋戒。

1】蘭陽講堂外觀。
2】心道師父帶領大眾進行共修。
3】心道師父親自為戒子們一句句傳
　　戒，戒子們虔誠跟隨念誦。

馬來西亞快樂生活禪學佛營

　　靈鷲山於馬來西亞佛堂分別於5月1日至3日、10月16日至18日舉辦兩場「快樂生活禪學佛營」，以戶外禪修的方式引導學員體驗心道師父的生活禪，在生活中活用佛法，隨時隨地省思生命的價值，領悟「禪在生活中」，進而改變生命。

第二屆快樂生活禪學佛營。

1】禪修課程。
2】法師帶領學員戶外禪修。

國際學生來山體驗佛法

靈鷲山分別於5月9日至10日、12月19日至20日與國際扶輪3520、3490地區青少年交換委員會合作舉辦兩場「國際交換學生宗教體驗營」，讓來自世界各國的青年學子，體驗佛教文化。心道師父歷經多年致力於推展國際交流、對話，學習尊重不同文化、信仰，讓「愛與和平地球家」的理想得以實現，受到國際的肯定，因而使得國際青年有機會突破隔閡與障礙，真實接近佛陀的教法，成為一顆種子。

5月9日～10日國際學生在靈鷲山上展開兩天一夜的佛學、禪修初體驗。

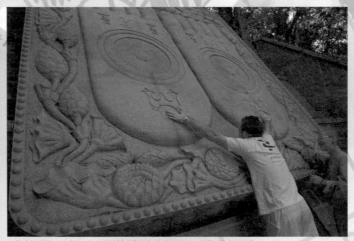

法師帶領學生觸摸佛陀腳印，祈求加持。

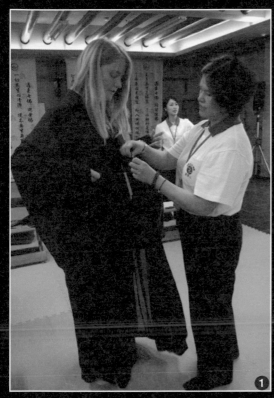

1】志工教學生如何正確穿海青。

2】森林禪行——本山「照客犬」福田
　　隨側在旁。

3】國際學生與心道師父開心地握手寒
　　暄。

4】國際學生與法師於普賢道場合照。

１２】體驗茶禪。

３】生命的分享與回饋—供燈祈願。

４】12月19〜20日國際學生參與靈鷲山
宗教體驗營上課情形。

１２３】填寫學習單。
４５６】法師帶領學員認識佛教常識。
７】學員們模仿千手千眼觀世音菩薩。

１２】學員們開心地與心道師父合照。

３】朝向心靈聖地。

愛心媽媽參觀世界宗教博物館

　　心道師父繼第一屆首度受邀擔任「十大傑出愛心媽媽」主任評審委員後，2009年第十六屆四度擔綱。今年師父與第十六屆十大傑出愛心媽媽接受馬英九總統接見；隨後師父陪同愛心媽媽及其家人參觀世界宗教博物館，並以一朵馨香歡迎、致贈每位愛心媽媽。

心道師父開心地與愛心媽媽、小朋友合照。

1】心道師父親自歡迎愛心媽媽們到來。
2 3】一朵馨香獻給愛心媽媽與小朋友。

2009年福隆沙雕藝術季灑淨

　　東北角風景管理處舉辦「2009年福隆沙雕藝術季
——海洋是台灣的母親」，心道師父受邀為沙雕藝術
季首座開展作品「富貴金佛」主持灑淨儀式。

心道師父為沙雕藝術季灑淨祈福。

1 】心道師父致詞。

2 】沙雕藝術季開雕作品——富貴金佛。

3 】沙雕作品。

4 】塑沙成佛——開雕儀式。

１２】參展作品。
３】2009福隆沙雕藝術季正式展開。

花東弘法

　　心道師父前往花東地區弘法，針對大家最關心的兩大問題——新流感與金融風暴發表演說，並傳授〈大悲咒〉、〈財神咒〉與一分鐘禪修；隨後與余安邦、余德慧等學者進行「心靈白皮書」討論會。「心靈白皮書」，是2004年起，鑒於社會問題叢生、人心動盪等問題，靈鷲山特委託中研院暨學者專家，從多元面向診斷台灣心靈健康。此次特別選在慢活之城花蓮做報告，期望共同促進寧靜運動。

心道師父不忘與沿途的村民結緣九宮八卦卡。

1】心道師父花東之行第一站——於台
　東天主教聖母醫院附設聖母健康會
　館發表演說。
2】心道師父為大眾說明寧靜手環的使
　用方法。
3】心道師父與台東信眾們開心合照。
4】信眾歡喜迎接，心道師父於花蓮藍
　天麗池飯店發表演說。

1】「心靈白皮書座談」──余安邦老師帶
　　領討論。
2】鄭宗記老師發表演說。
3】余德慧老師發表演說。
4】大家一起坐下聊聊，可以為不快樂的台
　　灣做些什麼？

5/22

龍波讚念長老訪無生道場

　　泰國內觀高僧讚念長老（Ajahn Jamnien Silasettho）分別於5月22日及10月19日至21日兩度參訪靈鷲山無生道場。心道師父與讚念長老雖是初次見面，法情猶如兄弟般親切、熟悉，長老盛讚「靈鷲山一定可以傳承五千年，因為這裡保留的都是佛法的寶藏。」

在不造作之中，展現大師的風範。

龍波讚念長老率眾與心道師父見面。

勾勾手，相約下次見面。

6月

心道師父出席「歡迎涂奇親王來台晚宴」

心道師父應邀出席沙烏地阿拉伯駐台辦事處舉辦之「歡迎涂奇親王（His Royal Highness Prince Turki Al-Faisal）來台晚宴」。心道師父創建世界宗教博物館、推動「回佛對談」促進各大宗教進行對話，引起伊斯蘭世界的共鳴與讚嘆，2008年7月更受邀往赴西班牙參加由世界伊斯蘭聯盟（The Muslim World League）舉辦的「各大宗教對話國際會議」，為唯一的佛教代表。

心道師父與涂奇親王及安多利投信鄧盛宇董事長合照。

6/13

《台灣宗教建築系列》研習

　　世界宗教博物館分別於6月13日、9月26日、11月28日舉辦三場《台灣宗教建築系列》藝文教師研習活動，分別參訪中和廣濟宮、大龍峒保安宮、艋舺龍山寺等寺廟建築，共約有一百五十名中、小學教師參加研習。研習活動除介紹博物館內多元的宗教藝術外，也讓研習教師充分了解地方文化特色，以期未來能運用於學校教學與活動中。

教師們至廣濟宮實地參訪。

1】龍山寺參訪大合照。

2】教師們參觀世界宗教博物館的
　　民間信仰展區。

6/19～22

馬來西亞觀音薈供法會

　　靈鷲山首次於馬來西亞啟建「大悲觀音傳承法會」，傳承心道師父的觀音法門，師父親臨主持聖典，法會假吉隆坡Sunway大學禮堂舉辦，吸引當地上千位信眾前來同霑法益。

觀音薈供法會。

1】馬來西亞觀音薈供由心道師父主法。

2】觀音薈供法會上千位信眾一起共修。

3】信眾上台接受心道師父甘露水加持祈福。

4】法師給予小朋友甘露丸。

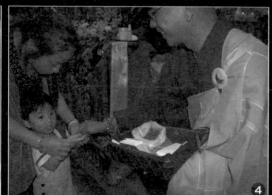

1 】小朋友致贈心道師父親筆繪製的卡
　片「歡迎師父來到吉隆坡！祝師父
　法體安康」。
2 】小朋友致贈心道師父親筆繪製的卡
　片。
3 】全球最年輕的護法志工，全部為
　二十歲以下的青年佛子。

緬甸學校聯合交接暨開學典禮

「靈鷲山援建風災小學聯合交接典禮」於仰光省滾良光地區（Kungangon）舉行，心道師父親臨主持，共有十六所學校聯合舉辦交接暨開學典禮。由於長期在緬甸耕耘，2008年納吉斯(Nargis)風災後，靈鷲山GFLP成為第一個進入緬甸救援的國際團隊，首先展開救援，並與國際救援組織持續合作，進行衛生、教育、宗教文化等層面的援助工作，及各項重建計畫。

可愛的緬甸小朋友，臉上塗著防曬的黃香粉。

1】得得耶鎮Ayawathit村居民大排長龍
　　等待心道師父到來。
2】心道師父與村民相見歡。
3】心道師父發送點心給小朋友。
4】重建學校聯合開幕典禮於6月23日
　　在滾良光縣Myothit小學舉辦剪綵儀
　　式，心道師父與仰光省省長一起剪
　　綵。

1】心道師父、法師與貴賓、小朋友合影，
　　小朋友雙臂交叉是緬甸傳統表示歡迎的
　　姿勢。
2】重建學校聯合開學典禮於滾良光縣第一
　　高中舉辦。
3】得得耶鎮Ayawathit村──「援建風災學
　　校」看板。
4】Myothit小學建築。

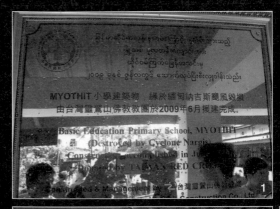

1】 Myothit小學建築物，緣於緬甸納吉斯颶風毀損，
　　由台灣靈鷲山佛教教團於2009年6月援建完成。

2】 位於果目鎮欣羌村的翁所布大雨托兒所。

3】 大雨托兒所的老師與小朋友。

1】小朋友打坐禪修。
2】表演舞蹈。
3】第一名與第二名。

「讓我們一起賽跑吧！」

開山二十六周年慶

　　靈鷲山無生道場開山二十六周年慶，舉辦千人朝山、共修〈大悲咒〉、八關齋戒等活動，並舉辦宗風傳承表揚活動，由心道師父親自表揚在生活中堅持實踐「慈悲與禪」的宗風行者，包括大悲行者、朝山力士、生活禪者等。當天，道場並開放觀音殿與開山聖殿讓來山弟子持誦〈大悲咒〉、禪坐。

靈鷲山無生道場開山二十六周年慶——千人大朝山。

1】周年慶活動——法師帶
　　領大眾朝山。
2】「我趴在媽媽身上,也
　　算一起朝山喔!」。
3】參與朝山的信眾頂禮。

1 】 羅漢步道的靈鷲山開山26周年
　　慶展板。
2 】 周年慶活動——開放觀音殿。
3 】 宗風表揚——心道師父頒發宗
　　風傳承獎旗以及禪修佛國護照
　　給受獎的志工。
4 】 宗風表揚——心道師父與受獎
　　者合影。

1 】〈大悲咒〉儀軌。
2 】無處不是修行處。
3 】周年慶活動──共修〈大悲咒〉。

開山二十六周年慶開示

　　所有貴賓、大德菩薩們，大家吉祥如意，阿彌陀佛！非常歡迎大家來參加靈鷲山開山二十六周年慶。我們的寧靜運動，有一個寧靜手環，白色的這面，表示我們的心非常寧靜，非常慈悲，而且能夠幫助別人；我們的心如果是非常蠢動、不安定，就翻紅色這一面，表示我需要關心，提醒別人不要講刺激我的話，讓我發動無明。但是我們實在沒辦法，忍不住要發脾氣的時候怎麼辦？我們就做「深呼吸，雙手合掌，放鬆，寧靜下來、寧靜下來，心回到原點。」再來一次，「深呼吸，輕輕的合掌，放鬆，寧靜下來，心回到原點。」做一分鐘的禪修。

　　在團隊或家庭，有時候沒有注意到每個人情緒的動態，我們可以把寧靜手環領回去，家裡面小孩子，搞不懂他是什麼情緒，就把手環給他戴起來；然後他生氣，或者高興，我們都可以瞭若指掌；彼此之間不用講話，就可以溝通好，成就寧靜、和諧的家庭、社會、地球。

　　靈鷲山開山有二十六年了，今天正是好好反思的時候，我們為世界做了什麼？我們對社會有什麼樣的貢獻？是否為家庭和樂、父母、子女盡心？做為一個佛教徒，我們是否為正法久住做了積極的貢獻？做為靈鷲山的一員，我們在利他的菩薩道上用心了嗎？在自利的行持上精進多少？「慈悲與禪」的宗風，實踐了多少？我們又做了什麼？

　　師父做的事情都是眾生不樂為、不願意去做的。師父的修行在第一個階段叫做「阿含期」，就是效法大迦葉苦行，日中一食，不住高廣大床，雖然不是樹下一宿，但是寒骨枯墳打坐、修行，把一切對世間的欲望、需求，在墳場裡靜下來了、放下來了。之後，在靈鷲山的法華洞做了

斷食閉關。第三個就是二十一天的閉黑關，在山洞裡面，什麼光線都沒有，唯一的光明就是看到自己，這個時候是第二階段的「般若期」。

第三個階段就是效法觀音菩薩度苦，也是師父來到福隆開山的緣起。以前從宜蘭到台北的時候，經常覺得這一帶比較貧窮，如果我在這裡可以蓋廟，可以把宜蘭、台北連接起來，讓這個地方復甦起來，這是我在這裡弘法的主要原因。當初宜蘭的很多弟子，都覺得我要把他們遺棄了，為什麼跑到這個地方來？事實上我就是為了這件事情，我覺得我在這裡會對地方有很大的貢獻，所以我在這裡蓋了靈鷲山。這個時候就叫「法華期」，開始慢慢地發願度生。

第四個階段叫做世界宗教博物館，是靈鷲山教團成立完備的重要緣起；也就是說有了世界宗教博物館，才有靈鷲山這個組織。當初我們是沒有靈鷲山這個組織的，因為要蓋世界宗教博物館，所以我們成立基金會，然後才有靈鷲山教團。這個博物館是我們共同願力所成，當初要蓋博物館，可是沒什麼錢，也不會賺錢，世界宗教博物館到現在還是虧錢，我們為什麼要這樣做？那是我們為這個社會做該做的事情。

現在就是建「華嚴世界」，就是「愛與和平地球家」的實踐，就是全體靈鷲山大家共同來推動「愛與和平地球家」崇高的理念。我都是做沒有人願意做的事情，努力地做，靠的是什麼？都是靠大家對師父的信念，願意跟隨師父學習觀音菩薩救苦救難、慈悲的精神。

目前靈鷲山已經是台灣五大教團之一，但很多人不知道靈鷲山的宗風。宗風就是我們是怎麼生活的，我們的宗風就是「慈悲與禪」。其實我們一路走來是滿辛苦的。從最早開始，這裡的一

磚一瓦，都是從山下搬上來，都是信徒提砂、提材料，一步一步地走到靈鷲山，是非常艱辛蓋起來的。當初這裡又是風、又是雨，又都是大石頭，這個地方叫做什麼？像鳥不拉屎的地方，可是我們在這裡蓋了靈鷲山，這是我們一路來的心路歷程，到現在二十六年了，難得大家可以回憶回憶這段歷史。

開山紀念日的意義就是大家不要忘記靈鷲山開山的精神，就是「正面、積極、樂觀、愛心、謙卑、毅力、承擔」。如果我們有負面的想法，就沒有靈鷲山的精神，靈鷲山就是正面；沒有消極的空間，只有積極，這就是靈鷲山的觀念。樂觀，對任何事情就是樂觀，不要消極、悲觀；更要有愛心，有了愛心才能夠點綴我們的生命，我們的人生，才能導出火花、爆出生命的力量；還有謙卑才是人跟人相處，最大的融合力。毅力就

是不要「逗到」問題的時候，我們就逃避、就退縮，要毅力、承擔，這是靈鷲山一路走來大家所做的表現。

靈鷲山的宗風就是「慈悲與禪」，慈悲是從哪裡來的？南亞海嘯的時候，我們出現了；九二一的時候，我們出現了；緬甸的災難，我們也出現了；種種災難出現的時候，我們都出現了，慈悲是大家共同的家風。

禪是什麼？禪就是我們對自己的用功，也就是說除了正面、積極、樂觀、愛心、謙卑、毅力、承擔以及慈悲這些以外，我們必須有管束自己的方法，我們能夠從「禪」裡面開悟，產生智慧來利益更多的眾生。如果禪修不好，可能會有很多習氣；在做慈悲的事情，雖然做了很多，可是就沒有福氣。所以我們必須要禪修、念佛、持咒，像靈鷲山的九分禪，大家要努力地去耕耘。

　　剛才我們表揚宗風行者，這是做為師父的弟子該做的事情。〈大悲咒〉大家念了多少，一天最少也要一百零八遍，三年就是十萬；如果一天念兩圈〈大悲咒〉（註：念珠一圈為一百零八遍），那一年多就有十萬了；如果一天念三圈，一年十萬，很便宜的。為什麼要持〈大悲咒〉？觀音菩薩都持〈大悲咒〉了，祂都已經成佛再來做菩薩，還是持〈大悲咒〉，甚至叫我們跟祂一樣持〈大悲咒〉來利益一切眾生。什麼叫〈大悲咒〉？就是用慈悲的力量去完成一切利他的事情，這個就是〈大悲咒〉。咒就是力量、念力，就是念的力量，所以大家要不要發願學習〈大悲咒〉？你看像穿紅色衣服的宜蘭這群弟子們，他們就發願八年一百萬遍〈大悲咒〉。有了團隊就有力量，有了力量我們就有毅力承擔。

　　禪修呢？每天早晚我們坐九分鐘禪，養成好習慣，攝心觀照。禪就是攝心，把心抓回來放在一個地方，放在平安禪四個動作，循環一次，然後我們就可以下座；然後白天做太多的事情，滿累，晚上九分鐘禪再攝心、打打坐。然後一天在工作繁忙的時候，持〈大悲咒〉。我常常說早上持〈大悲咒〉，比較有時間。像師父我一天持多少？每天這麼忙，我最少也有兩圈到三圈。那為什麼大家做不到？師父比你們忙多了，就是習慣就好，要培養出好的毅力來持〈大悲咒〉。

　　禪跟慈悲，這是我們本來應該做的，所以鼓勵大家用心去完成，最後祝福各位貴賓與大眾都能夠富貴平安。我們現在蓋金佛園區，讓大家都能夠富貴，聖山金佛園區叫「富」，靈鷲山做教育、培養人才叫做「貴」；我們山上在培養人才、做教育，山下讓大家祈福、求富貴，希望每個人都富貴、平安，大家辛苦了，阿彌陀佛！

7月

歐洲和平交流之行

　　心道師父前往歐洲展開「愛與和平交流之行」，分別造訪瑞士、波蘭、英國等國，與猶太教、錫克教以及基督教等宗教領袖展開對話，並應邀擔任「伯明罕世界宗教博物館籌委會」主席，討論將「尊重、包容、博愛」的宗博館創館理念複製到伯明罕。期間，師父參訪波蘭「奧斯威茲集中營紀念館」（Auschwitz Concentration Camp），這是二次大戰期間納粹最大的猶太人集中營，有上百萬人遭到屠殺，師父特別領眾祈禱：「屠殺、殘酷、仇敵這個浩劫，讓我們用擁有的光明、慈愛去突破這個黑暗，讓時間埋葬仇恨與被仇恨，讓浩劫不再發生、讓他沉寂。」

心道師父歐洲「愛與和平交流之行」行程表

時間	地點	主題
07/02～05	瑞士蘇黎士	拉薩爾靈修中心（Lassalle Haus） 「禪、卡巴拉及基督宗教的神秘主義」國際會議
07/06～08	波蘭	奧斯威茲集中營紀念館
07/09～10	英國伯明罕	「伯明罕世界宗教博物館籌委會」（BMWR）

1】心道師父應邀參加「禪、卡巴拉及
　基督宗教的神秘主義」國際會議。
2】心道師父專注聆聽演講。
3】心道師父於「禪、卡巴拉及基督宗
　教的神秘主義」會議中發表演說。
45】心道師父於會議中帶領大眾修習
　「九分禪」。

1 】 心道師父為集中營的受難者點燈。
2 】 修女為集中營的罹難者祈福。
3 】 心道師父帶著肅穆的心情參觀「奧斯威茲集中營紀念館」。

1】心道師父觀看罹難者的照片。
2】為了防止集中營的囚虜逃脫而通上電流的鐵絲網。
3】集中營紀念館陳列了屬於罹難者的鞋子。
4】願所有受到痛苦折磨的靈魂獲得安息。
5】心道師父與參訪者於集中營外合影。

心道師父在集中營猶太墓碑牆前祈禱。

1 】Bhai Sahib Mohinder Singh邀請心道
師父參加伯明罕錫克教Nishkam中心
的晨禱。

2 】「伯明罕世界宗教博物館籌委會」
（BMWR）全體為了祈求世界宗教
和平而禱告。

3 】來自緬甸的Dr. Uttara Nyana與心道師
父一見如故，並為心道師父介紹位
於伯明罕的Buddhist Pagoda佛寺。

4 】「伯明罕世界宗教博物館籌委會」
的委員們合影。

Guru Nanak Nishkam Sewak Jatha
welcomes
Museum of World Religions
Working Committee Members
for an Engagement with
The Faith Leaders of Birmingham

1】心道師父於會議中說明世界宗教博
物館的創館理念。

2】心道師父與錫克教代表Bhai Sahib
Mohinder Singh。

3】心道師父於BMWR小組與當地宗教
團體領袖討論會中發表建言。

4】「尊重每一個信仰，尊重彼此的差
異，讓差異轉動彼此，讓生命在
不斷流轉中，找到新的方向與出
口。」

伯明罕世界宗教博物館籌委會演講
愛與和平——信仰與實踐的合一

敬愛的主辦者、以及各位來賓大家好：

很開心有機會與各位見面，這次來到伯明罕，首先要感謝大家的熱情接待，更感謝信仰的力量，把我們連結在一起，我是世界宗教博物館創辦人，也是一個出家修行者，藉此機會與各位分享這雙重身分交織而成的感想。

就我這一生來說，佛教無疑是我最大的精神支柱；佛法的教導，讓我明白此生的存在價值與意義。誠如世界宗教博物館是建立在「尊重、包容、博愛」的理念上，這些理念來自於我的佛法體悟，宗教信仰與生命實踐是分不開的，如同佛法說「煩惱即菩提」，在生命實踐過程中，每一個當下都可能讓我們證入菩提。

所以信仰宗教，不能只是獨善其身，也要博愛世人，以今天的話來說就是要為社會負起社會責任。當初，就是因為看見許多假宗教之名或宗教之間的衝突與戰爭造成人類彼此的仇恨、對立與毀滅，因此興起建立宗教博物館的念頭，希望藉由各宗教文物之美，理性知識的真，讓不同宗教能了解、欣賞、學習彼此的美好。

我們看這世界，對立應該被消除，但對照卻必須要存在，如黑與白、理性與感性、陰與陽、好與壞，因為有對照，世界才能轉動、生生不息，對照不是要造成衝突與對立，對照是要彰顯彼此存在的價值與意義。所以，看到與我們不同的，不是去消滅他，而是去欣賞、尊重他。

尊重每一個信仰，尊重彼此的差異，讓差異轉動彼此，讓生命在不斷流轉中找到新的方向與出

口。如錫克教，就是在轉化印度教與伊斯蘭的衝突中，尋找到和平共存的生活模式與生命經驗。

我們只有一個地球，沒有了地球，再多的差異也沒有辦法展現，再美好的事物也沒有存在基礎，因此，為了我們，更為了我們的下一代，我們必須攜手努力，共創愛與和平地球家，不是宗博館或佛教就可以完成，愛與和平地球家需要大家一同努力，才有可能達到。

如同那納克上師，當初就是為了化解印度教與伊斯蘭衝突給旁遮普當地居民所帶來的傷痛與傷害，在沐浴中領受了恩典之後，創立了錫克教，成功轉化了兩個信仰彼此誤解的傷害。

在今日，Mohinder Singh繼承了這樣的恩典，不斷促進宗教間的對話，為人類、為地球找尋和平的道路。

他們都沒有因為信仰而放棄社會實踐，反而是將自我信仰完全實踐在社會之中，我與宗博館也是這樣的關係，我將生命中體驗的佛法精神體現在宗博館，並且在與其他宗教交流對話中，分享生命的精義。

我們需要更多的人，一同來做這樣的事，把愛與和平的種子不僅埋在心中也與他人分享，這不僅需要有形的宗教博物館，更需要存在每個人心中的宗博館，一座由尊重、包容、博愛所創建出來的博物館，願從此時、此地開始，每個人都成為社會中活動的宗博館，共創愛與和平地球家。感恩大家！謝謝！

7/11～14

靈鷲山兒童學佛營

靈鷲山無生道場與台南分院分別舉辦「大手牽小手牽住佛的手——兒童學佛營」，讓兒童在自然的環境中，透過以觀音菩薩四無量心「慈悲喜捨」設計的課程，學習團隊合作的重要、傾聽別人的需求、了解與別人分享的喜悅，更透過禪修的學習，學會觀照自我、看清楚自己的心，讓佛法在純真的心靈種下善種子。

台南分院所舉辦的兒童學佛營募集了許多「大朋友」，擔任小隊輔的工作。

1】靈鷲山兒童學佛營小隊輔：「我們準備好了！」
2 3】學習如何作為一個佛子的第一步：禮敬諸佛。
4】闖關活動：從遊戲中認識佛學概念。

1 】 團隊默契大考驗！
2 】 好精采的故事！
3 】 快樂做早餐——今天吃飯糰喔！
4 】 夏天就是要玩水！

心道師父看見莘莘學子們有心向佛，欣慰與喜悅之情溢於言表。

1 】傳承歷史，注入新生。
2 】2009年靈鷲山兒童學佛營正式圓滿。
3 】台南兒童學佛營圓滿大合照。

「歌劇魅影」演員來山

「歌劇魅影」劇團演員Jackie Rees與Sywan參訪無生道場，感受道場山海壯闊景致，並拜會心道師父，師父親傳「寂靜修」禪法，兩人當場邀請師父於7月26日前往台北小巨蛋聆賞「歌劇魅影」演出。

心道師父與歌劇魅影劇組人員合影留念。

7/21

康祖仁波切拜會心道師父

藏傳佛教竹巴噶舉傳承康祖仁波切來山拜會心道師父，在毘盧仁波切與竹巴噶舉第十二世竹巴法王引薦下，康祖仁波切在來台弘法之餘，來山感受心道師父與靈鷲山的自在與禪風。

心道師父與康祖仁波切於觀音道場大石上眺望遠方。

康祖仁波切為玉佛獻上哈達並頂禮。

康祖仁波切參觀法華洞，於心道師父禪坐的石板上體驗師父閉關的過程。

聖者的真心，自在無礙。

雲水禪七

　　「雲水禪七」進階禪修，由心道師父親自傳授，引領禪法寂靜修的心要，進入禪觀的修持証量，體驗身心靈的法喜禪悅。做到心不隨境轉，一心不亂專注地把心安住，達到淨化習性、離相去執、回到本來面目，這就是精進禪七的最主要目的。靈鷲山無生道場分別於7月20日至26日、11月13日至19日舉辦兩場「雲水精進斷食禪七」。

1 】灑淨——祈願禪七閉關圓滿。

2 】心道師父啓關開示。

3 】心道師父帶領大眾皈依：「佛陀妙
法眾中尊，直至成佛永皈依：願我
所做諸功德，利益眾生而成佛。」

4 】監香法師繞行於禪坐學員之間，手
持香板，提高學員的警覺心，使之
專注。

1】森林中的養身功法。
2】森林坐禪。
3】觀音道場坐禪。

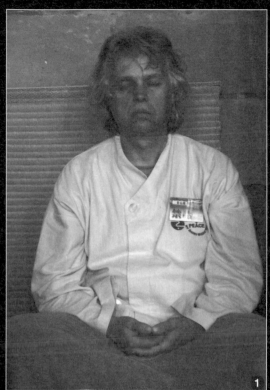

1】外籍學員Paul：「練習愈多禪修，
愈能領會老師所教的。」
2】學員沉潛於禪修之中。
3】有機蔬菜汁斷食。
4】志工無私的奉獻，清理榨洗嚴選蔬
果。

1 】開山聖殿內行禪。
2 3 】學員們認真聆聽心道師父的甚深教誨。

7/28

靈鷲山獲內政部績優宗教團體獎

　　靈鷲山佛教基金會與世界宗教博物館發展基金會，連續第七年雙雙榮獲內政部「興辦公益慈善及社會教化事業績優宗教團體表揚」。肯定靈鷲山教團多年來推動「愛與和平地球家」的實踐，與世界宗教博物館致力於國際交流、宗教對話的努力。

了意法師代表世界宗教博物館接受內政部長廖了以頒發的獎座。

妙用法師代表靈鷲山佛教基金會接受內政部長廖了以頒發的獎座。

8月

八八水災賑災

　　莫拉克颱風造成南台灣五十年來最大水患，靈鷲山立即啟動救災計畫，成立南區賑災中心、設立賑災專戶，募集救援物資、組織志工團隊運送民生物資深入災區，給予災民最迫切的救助。災區兒童的教育問題，一向是靈鷲山災後重建的工作重點，因此舉辦了「安心就學不中輟，別讓大水沖斷上學的路」活動，提供「八八水災安家助學金」，捐助災區兒童。

小志工於街頭募集物資。

1】8月11日，高屏講堂賑災服務處至林邊鄉發放物資。

2】8月13日，靈鷲山高屏講堂賑災專車載滿物資深入六龜鄉災區。

3】8月14日，蘭陽講堂為八八水災勸募，積聚小愛為大愛的腳步在晚間也不停息。

4 5】街頭募款──絡繹不絕的人潮、延綿不斷的愛心。

1】高屏講堂成立八八水災賑災服務處。

2】八八水災適值「2009年靈鷲山水陸空
大法會」，心道師父特別為罹難者設
立公益牌位，超薦亡靈。

3】8月24日，桃園東林吉普車隊協助運
送靈鷲山教團提供的物資，前往此次
受到八八水災侵襲的嘉義阿里山來吉
村，援助受災民眾。

4】再遠也要上學去——8月27日，捐贈
受災的孩子們復學後所需用品。

5】9月7日，近兩百名靈鷲山的志工依序
步入「八八水災全國追悼大會」現
場。

1】 高雄巨蛋體育館內莊嚴肅穆的追
　　悼大會現場。
2】 法師帶領著志工們，向罹難者的
　　靈位獻花致意。
3】 10月20日，靈鷲山教團舉辦「安
　　心就學不中輟，別讓大水沖斷上
　　學的路，八八水災安家助學金捐
　　贈」記者會。
4】 嘉義縣長陳明文頒贈給靈鷲山的
　　感謝狀。

2009年靈鷲山水陸空大法會

　　靈鷲山啟建「以寧靜療癒地球——2009年靈鷲山水陸空大法會。鑑於近年來，因人類的貪婪自私，地球暖化日益嚴重、天災頻傳，靈鷲山水陸法會自2008年推動「素食救地球」主張，今年更進一步呼籲「以寧靜來療癒地球」，用寧靜淨化社會人心的貪念、紛亂，共同來愛護地球這個全人類共同的家，並為八八水災的受災者祈福、超薦。

「靈鷲山2009年水陸空大法會」正式啟建，宣告這場利益冥陽兩界的聖會開始。

1】2009年水陸法會以寧靜療癒傷痛、
　　以慈悲體悟生命循環的精神，幫助
　　參與者安頓心靈，重新思索生命的
　　核心價值，作為大會的基本精神。

2】外壇共修情形。

3】戒德長老為內壇啟建點榜。

45】心道師父於內壇開示。

1）外壇五大士焰口佛事儀軌進行中。

2）駐台北以色列經濟文化辦事處代表
甘若飛，特別來到水陸法會現場，
為法會所設「二次大戰期間遭屠
殺之六百萬猶太亡靈」牌位拈香致
意。

3 4）法師如法虔敬地帶領大眾念誦儀
軌。

1） 靈鷲山教團連續第二年於法會期間，舉辦「懺
　　悔的宗教意義」兩岸學術專題講座暨座談會，
　　目的就是為了幫助大眾對「懺悔」有更深入的
　　了解與認識。

2） 靈鷲山教團於水陸法會期間推動「大家相疼
　　惜，千手救水災」的愛心賑災服務，並設立
　　八八水災罹難亡靈超薦牌位。

3） 心道師父與桃園縣長朱立倫共同主持贊普白米
　　頒贈儀式，由十二個團體及地方單位鄉鎮村里
　　長代表接受；另外還有特為八八水災募集的白
　　米等民生物資，捐贈給南部受災戶。

１ ２ ３ 】送聖儀式。

４ 】圓滿送聖，三師帶領逐席拜送。

５ 】火光烈焰中，所有超薦牌位化為青
　　煙，迅速向上飛升，水陸法會至此
　　圓滿。

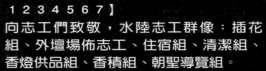

【1 2 3 4 5 6 7】
向志工們致敬，水陸志工群像：插花組、外壇場佈志工、住宿組、清潔組、香燈供品組、香積組、朝聖導覽組。

靈鷲山2009年水陸法會圓滿開示

各位菩薩大德，大家阿彌陀佛！恭喜大家，又一次圓滿殊勝的水陸功德！

首先，我在這裡，謹代表大會，至誠感恩諸佛菩薩加持、諸天護法庇祐、以及三師和尚，尤其是百歲高齡的主法大和尚——戒德老和尚的大慈悲力。

從灑淨開始，這七天當中，無論是法師、功德主、義工或職工，都盡心盡力的投入於這場法會，如法如儀的精進，至誠的參與各場佛事，發起大悲心和大願力，念佛、懺悔、受戒、回向；十方法界相互連結，轉動出一種慈悲與喜悅的力量，相信諸佛菩薩，都見證了大家的誠心與願力。

在諸佛菩薩的護念下，我們超度歷代祖先、冤親債主，以及惡道眾生，使他們可以聽聞佛法、轉識成智，轉換無明迷惑的記憶體，而能夠出離輪迴，獲得解脫。

現在，這場普利冥陽的「水陸大齋勝會」即將圓滿，我們要「奉送十方法界四聖六凡，齊返真境」，希望大家把握最後的「送聖」佛事，憶念極樂淨土，淨念相續，引領我們歷代祖先、累劫冤親及十方有緣的眾生一同念佛。如同水陸儀軌所說的「奉送聖駕雲程，大眾一心念佛引導。」讓佛菩薩和仙界聖眾回歸淨土，而惡道眾生亦能解脫束縛、歸向善處。

我們靈鷲山的宗風是「慈悲與禪」。每年為期整整七天的水陸佛事，正是落實「慈悲與禪」的最好機會。雖然，「水陸七」的修行佛事，功德即將圓滿，但這圓滿的當下，其實，正是新的開始。因為只要世間還有苦難，還有需要被救度的眾生，只要我們的內心還有絲毫的無明煩惱，我們就需要佛法，來解除眾生的種種憂苦。這是我們每年「打水陸七」的用心和目的。

每一年，我們努力不懈的以寧靜、嚴謹的心，為六道眾生做超度，希望生命之間能解冤、解業，而這份慈悲的道業，其實也正與地球的平安，息息相關。無論是看得到的、或看不到的世界與眾生，都含容於法界之中，相互依存，只要任何一個單一的個體或地點出現問題，都會影響到整體的安寧。

雖然，我們不一定看得到，卻都能感受到，這次的八八水災，就是最好的見證，災難的原因，可能是人禍比天災還要多。人類把自然的水系破壞了，人佔了水的路，水只好走人的路。加上地球暖化，帶來大量的雨水，災難就發生了，除了已經罹難的名單外，還有很多失蹤的人，而活下來的人，也很痛苦悲傷，有的甚至跑去自殺，昨天，縣長又送來了三百個罹難者名單，我們更要為他們念佛祈禱。

七天很快就過去了，法會圓滿後，大家回到日常生活，一定要勤修戒、定、慧；斷惡修善；破迷開悟，放棄自私自利的想法和行為，起心動念要為社會想、為眾生想。當然，也希望藉由此次法會的圓滿，使我們每一個人，在未來的一年當中，都有更好的福報與發展。

今年參與水陸的人數很多，特別有些一、二十年的老弟子，也都回來了，如此發展下去，也許將來連巨蛋的場地，都不夠用了。相信，這是因為我們始終如法如儀，依照古德傳承的教法，再加上各位誠心懺悔、禮拜，所得到的感召力。這幾天，看你們虔誠禮懺、歡喜供養，這正是我們水陸最大的凝聚力與福德力。

一場法會能夠成功，有法師的帶領與引導，是相當重要的，我們感謝每位常住法師的辛勞，更感謝此次遠道而來的緬甸比丘，以及浙江壽聖

寺的法師，使這次法會能夠法音宣流、莊嚴如儀。

另外，每一位功德主的參與和護持，也是法會成功的重要因素。尤其是海外的弟子們，每年大老遠的回來，而且幾乎場場佛事都不缺席，這份心力，相當值得我們學習。

今年，更有大陸青島的功德主，為我們帶來金箔撰寫的《金剛經》，這也開啟了以聖物供養來莊嚴水陸的殊勝緣起。希望明年大家帶更多的人一起回來，共同修齋、拜佛、添富貴。

同時，我也希望，每年的水陸，大家能帶一點佛法的知識回去修學，了解師父的思想和願力。今年，我出版的新書《和平零時差》希望你們回去讀一讀，不是為了賣書，實在是希望弟子們能了解我在做什麼，一起來關心這個世界，尤其是這個地球的危機，與眾生的苦難。

而最要感謝的，是不辭辛勞、默默付出的願力委員、義工菩薩與同仁們，總是在水陸現場不停的穿梭，從各項雜事到秩序維持，都是要依靠他們的犧牲奉獻，整個法會才得以進行順暢。

我也很高興看到已經有許多菩薩的第二代，也投入了水陸義工的行列，這種信仰的代代傳承，是相當可貴的。希望我們把傳承做好，「千年水陸、萬年慈悲」，希望水陸法會的慈悲傳承永不間斷。這些新一代的志工，不但要教他們如何做事，更要把你們傳統的美德教下去，你們的任勞任怨、不是非、不計較，虔誠又恭敬的精神都要傳下去，還要給下一代正信的佛法，以及倫理道德的教導。這樣我真的才會放心、HAPPY。

我們年輕人，能發心服務是很有遠見的，這個時代，有人緣就有通路，水陸法會是最能廣結善緣的場域，而且又是最神聖的，在水陸服務的

對象，是十方法界所有的眾生，大家要把握機會，年年來作義工，並且要成為最有紀律、最有愛心的團隊，好不好？

　　最後，在這裡，我要期勉各位，學習普賢菩薩的精神，當眾生還有業力在，我們的悲願就會無有窮盡！秉持著不退轉的菩提心，使水陸年年更具規模，利益更多眾生！

　　別忘了續報水陸，先修法會馬上就要開始了，讓我們持續共修水陸，繼續這份歡喜菩薩的工作。好！大家提起正念！一心念佛、送聖！阿彌陀佛！

金佛殿九品蓮花金剛鈴安座

　　靈鷲山舉辦聖山寺金佛園區金佛殿圓頂「九品蓮花金剛鈴杵」灑淨裝臟安座聖典。「九品蓮花金剛鈴杵」底座為倒蓋的九瓣蓮花，主體則是具有四面菩薩相的金剛鈴杵；金剛鈴杵在佛教修法中具有悲智雙運之義，鈴表慈悲，杵表智慧，希望藉此提醒眾生當精進修行，早日證得慈悲與智慧。

倚靠著靈鷲山，作為承先啟後的標的物。

九品蓮花金剛鈴杵的裝臟聖物。

9月

泰國沙拉雷寺住持
帖拉遞那・迪洛格尊者來訪

泰國東北部沙拉雷寺（Wat Salaloy）住持帖拉遞那・迪洛格尊者（Phra Thepratana Dhiloeg）參訪無生道場，與心道師父進行一場南北傳佛教的佛法交流。

心道師父恭敬地席地而坐，五位比丘亦恭敬地對師父頂禮。

泰國比丘們於觀海台上瀏覽靈鷲勝境。

三乘佛學院第七屆初修部開學典禮

靈鷲山三乘佛學院自2003年成立以來，今年已是第七屆。此次初修部九十八學年度開學典禮，學院院長心道師父親臨主持開學儀式。師父鼓勵所有新生應該學習觀音菩薩的大悲願力，做救拔苦難的工作；好好在行住坐臥中修持〈大悲咒〉，守護清淨身口意、觀照真心，相應觀音菩薩的慈悲精神。

靈鷲山三乘佛學院院長心道師父為新生做皈依。

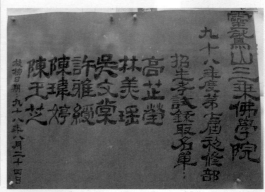

「靈鷲山三乘佛學院九十八年度第七屆初修部」榜單。

1】傳承諸佛法 · 利益一切眾。
2】學生專注聆聽。

三乘佛學院開學開示

學院的老師，各位法師、各位同學們，大家阿彌陀佛！今天非常高興在這個時候，能夠跟大家講講學院的願景，還有院風和院訓，過去兩年都沒有時間跟大家提。

佛法需要傳承，沒有傳承佛法就沒有啦，沒有佛法就等於是世界末日了。大家要有願力，繼往開來，讓佛法的珍貴、真實，離苦得樂的甘露藥，能夠推廣、利益傳承；大家學得不好傳承就不好，學得很好就傳得很好。

佛法就是轉換我們的惡業，惡業有身口意三種；我們的身犯了業，就是會讓我們痛苦；口犯了業，讓我們難過；心犯了業，讓我們煩惱。轉換身口意，我們的善業就具足了，在生命中只要三業清淨，做的事情都是離苦得樂的；如果三業不清淨，離苦得樂的因緣就沒有辦法具足。

我們的業就是雜業，什麼業都造，惡的造得多，善業做得少。不要認為我們沒有做過惡事，做了惡事自己也不知道，因為沒有智慧啊；所以要有智慧，然後來轉換我們的業變成善業。一般的眾生，可能只有福或慧一個善業；所以我們每一天要深植、深耕福跟慧的資糧，然後成就佛國，成就法、報、化三身，成佛就是法、報、化三身。

大家來到佛學院學習，首先要瞭解我們的宗風願景，這是我們共同的走向。靈鷲山的宗風叫做「慈悲與禪」。慈悲是什麼？不傷害一切眾生，不要用口去傷害，不要用身體去傷害，不要用我們的心去傷害，身口意都不能去傷害眾生，要讓眾生具足學佛法的因。我們常常辦活動，就是接引大眾來學佛的。不管任何的活動，都叫做接引，接引了以後就成熟、成長他們學佛的因緣，這就是慈悲。今天大家能夠有機會來這裡

學，在學院裡面讀書、學習，這也是慈悲。讓大家能夠學到佛法，能夠利益眾生、自利利他，這就是慈悲。慈就是憐憫，悲就是拔苦，山上整個精神就是觀音菩薩的精神──慈悲。禪是什麼？就是守護，守護我們的心，不要讓身口意不清淨，這就是「禪」。「慈悲跟禪」是我們的宗風。

我們的願景就是要人人成佛，個個發菩提心。人人能成佛，就是締造華嚴聖山，創造愛與和平地球一家。不管是僧俗二眾，還有學院，通通要瞭解，為了讓人人能夠成佛，所以要創造聖山，讓大家有機會發菩提心，讓大家有機會發願成佛。說到慈悲，這也是我們為什麼要推「華嚴世界」，讓人人都可以成佛，一起推動華嚴聖山。

我小的時候就發願學習觀音菩薩的慈悲來救苦救難，在當兵的時候，學佛是不方便的，我就用刺青來讓我的願力能夠呈現，不忘記願力。所以我的手上有什麼？「悟性報觀音」，就是觀音菩薩引導我們來學佛，所以我們要悟佛、悟性，來守護眾生，來讓眾生離苦。觀音菩薩就是服務最好的，最有慈悲心，最能夠服務眾生的一位志工。祂沒有什麼錢，祂就是這樣：我們只要有苦有難，有任何的需要，祂隨時報到。我們的服務是不是有做到這樣？我們要好好的學習觀音菩薩的精神，只要眾生有苦，觀音菩薩都會救拔、救苦。靈鷲山從開山以來，都是以「傳承佛法，利益眾生」為理念、宗旨，透過佛法來幫助眾生離開煩惱，幫助眾生脫離煩惱、得樂離苦。我們要做觀音菩薩的化身，讓觀音菩薩的大悲願力跟我們相應合一，跟隨觀音菩薩一起做救苦救難、救難拔苦的工作。

在這裡，大家不但書要讀好，還要修行，修持觀音菩薩的〈大悲咒〉、大悲法門。大家每天持續，我們一生就持這個咒來讓自己的慈悲心能夠呈現。所謂持〈大悲咒〉就是要發起大願力、大慈悲，這是生生世世的願力。我們以〈大悲咒〉為修法，大家一起來學觀音菩薩的大悲法門，這是觀音法門的核心精神。我們要有一份修持的心，才會有長遠的道心；沒有修持的心，道心就不好，就是起起落落、顛顛倒倒，前前後後，就沒有辦法貫徹學佛。

還要學習禪修，禪修是學佛的基本，禪修可以證到果位，除了思想要達到一個標準以外，禪修能讓我們對佛法的領悟相應、等持，智慧跟定不能等持，就是空談。禪可以穩定我們的身心，讓我們看到自己，不是常常看別人；發現自己的優缺點，也看到別人的優缺點。禪能夠寧靜自己，也能夠寧靜別人。禪是一個修養，〈大悲咒〉是一個發心；如果要好的修養，禪修就要做好；禪修做不好，脾氣就大，這個是自然的道理。

習氣、因果這是我們過去帶來的，不能怪你；可是你不去轉變它的時候，它就變成未來的種子。今生不改變，下輩子同樣發生。佛陀的時代，有一個女人要回娘家。她帶了兩個小孩，一大一小，就這樣子走。走到一半口渴，她先生就去找水，結果被蛇咬死了。她很傷心要過河時，她兩個小孩，一個背著，一個牽著。她一次只能帶一個，所以她就把小的抱過河，抱到河對岸；回來要再抱第二個小孩，走到一半的時候，她剛生下來的小孩被老鷹抓走了。她回到那個岸邊的時候，她的大孩子又被水沖走了，就發瘋了，發了兩年的瘋。然後碰到佛陀，她問說她為什麼那

麼苦？佛陀就告訴她：「你前輩子也是這樣子，這輩子還是這樣子；你如果不學佛、不轉換，以後都是這樣子。」婦人很有善根，就開始修道了，沒有多久她就證悟了。我們有很多的習氣，這些習氣不去改，來生就是那個樣子；今生苦，來生同樣苦。為了斷苦得樂，我們為什麼不轉？為什麼不學好？讓自己能夠離開真正的苦。

各位同學來念佛學院真正的目的，是透過三乘佛法的修習，瞭解佛陀所傳承的大乘、小乘、密乘，透過慈悲與禪來修行實踐，與佛陀教導的三乘佛法融通為一，三乘佛法是佛陀遺留給我們的財產。我們慢慢地去讀、慢慢瞭解，它就像甘露一樣，非常甜美、非常舒服。今天我們能享受到這個佛法，我們要感恩啊！感恩釋迦佛，沒有祂的證悟，就沒有這些經典，讓我們學習離苦得樂；沒有賢聖僧的發願、慈悲，我們今天不可能

讀到這些經典。如果我們今天不想傳承，品行也沒有轉好，怎麼把佛法傳承下去？要讓佛法傳承下去，品德要好，品德不好怎麼傳？要導正自己、利益眾生、要發大願。

我真的感動釋迦佛祂給我們這麼好的法，我一念釋迦佛，就會哭得很傷心，感恩啊！大家知道法是很難得聞得到，很難得學習得到，今天有這麼好的東西，我們要認真的學、認真的做。佛遺留給我們的就叫做三乘佛法，佛把珍貴的法留給各種不同的因緣，每一個人都有他不同的因果、因緣、習氣，有的喜歡密、有的喜歡禪、有的喜歡大乘、小乘，不一定，這都是過去的因緣。我們不排斥哪一乘，因為每一乘都是可以幫助人離苦得樂，我們很珍惜這些法。我們叫「三乘佛學院」，就是希望把三乘這麼珍貴的佛法傳承下去，我們尊敬三乘的法，然後傳承下去，這

是靈鷲山對學風學習的開闊度。

不但如此，對其它世界宗教我們也要認識清楚、學習清楚，我們才能夠尊重別的宗教，彼此尊重叫共存、共榮；如果沒有尊重，我毀滅你，你毀了我，這個就不是我們要的。比如說，以後僧伽大學，大家都有機會讀，可能五年後就完成了；還會有宗教和平大學，這是在國際上推廣和平，差不多十年內，大概就全出來了。我們做這些就是因為慈悲心，願世界都沒有戰爭，和平有傳承，三乘佛法有傳承，珍惜佛遺留給我們的遺產。在靈鷲山，小乘、大乘、密乘的傳承都有，感覺上這裡好像他們的家，不會覺得這裡只是大乘的道場，大家都會想這裡是佛法的地方。

三乘都是要回到心，禪就是心。那麼慈悲呢？三乘都要慈悲，沒有慈悲就不是佛法；不守心、不是以心為主的話，那也不是佛法。心外求法都是了不可得，所以慈悲與禪的宗風傳承，要很真實的去修持、實踐。修禪才會找回自己。

為什麼今天很多人憂鬱症，很多人就是不知道怎麼活下去？這個時代就是資訊太多，想法太多，變成我們沒辦法消化、消融這些資訊，我們就是超量，就變成憂鬱症、躁鬱症，你不知道怎麼讓自己心歸零的時候，它就會跟著資訊到處跑；我們的心要歸零，回到原位的時候，才不會跟著資訊一直跑。資訊都有兩面，所以要選擇，但是我們又沒有經驗選擇，就會變成憂心重重。

禪是讓我們回到自己，回到我們的心，讓一切都能夠寧靜下來，而不是資訊的吵雜、資訊的超載。學禪是未來的趨勢，大家都喜歡學禪。資訊超量、超重，我們心裡就會有很多的吵雜。坐禪，這個吵雜就會寧靜下來，我們把吵雜寧靜下來，讓我們有很大的寧靜空間跟別人和諧相處。

禪就是當下覺醒，隨時隨地都能夠覺醒、放得下。如果沒有辦法覺醒、放得下的時候，就要努力的修禪，覺醒力不夠就是察覺力不夠；察覺力不夠就散亂心很大；散亂心很大，自己在想什麼也搞不清楚，自己做了什麼也搞不清楚，散亂了嘛，糊里糊塗，沒有辦法操控自己的想法、做法。只有坐禪可以降伏自己，降伏自己，世界就和平；降伏自己，一切天下沒有不舒服的地方。佛法最重要的功力，就是在降伏自己。誰能夠降伏自己，有沒有？沒有辦法，對不對？努力的坐禪可以把我執消除、打倒。

學禪可以明白自己的心，見到自己的性，唯有開發出這個覺悟力、覺醒力，才能夠見到自性，一切的修行才真的到位。由此而來，慈悲才能夠是真的慈悲，而不是只是想像的慈悲。沒有那份的感動，就沒有那份的慈悲。那個感動是自然然的，對一花、一草、一木有歡喜心，才會有愛心；對那些東西沒有歡喜心，愛心就出不來。所以對一切眾生要歡喜心，才有愛心。眾生的問題很多，那怎麼做？耐心的消融它。

要有修行，才有真慈悲、真願力！各位到學院同修，每一個人不但是在學院裡能夠讀佛學，也能夠開悟佛學，發起菩提心，一起來成就佛法事業。什麼叫佛法事業？佛的無上正等正覺，做正等正覺的事業。我們開啟這個學院，就是來讓大家進入正覺事業。

我們的校風就是「樸實、自然、和諧」。什麼叫樸實呢？不浮華，生活不要太浮華、愛漂亮，這些會讓自己的心不實際；樸實就是會讓自己的心實際，有了實際的心才會有禪。禪就是要從樸實中讓自己長出真心，沒有樸實就長不出真心，長不出真心就是浮華。浮華就是貪戀這個世

間，紅塵滾滾，就像大洪水一樣，不曉得會被滾到哪裡。像八八水災，九二一這些災難，這就是紅塵。那些有學佛，有認真修行的，沒有被這些事情影響。從斯里蘭卡，緬甸也是可以看到，有了不好的心跟佛法就不相應，就會有問題。只要是善業，就不會有惡報；只要是惡業，就會有惡報，不只是今生，生生世世都累積那些業因、業果，就會成為災難——災難流，風災、地震這些。

樸實是什麼呢？樸實就是不奢侈，自然就是不做作。山上的環境、人事物都非常自然，和諧就是因為自然、樸實的關係，就能寧靜而和諧。

我們的校訓就是「正面、積極、樂觀、愛心、毅力、承擔」。正面，就是不負面，我們的想法不要常常負面，負面給別人的就是不好的想法，負面就不是福報，是禍害。正面可以帶給家庭和樂，正面的時候大家在一起，都不會產生負面的；沒有負面，就不會有不和合。積極就是不消極，我們常常積極地面對自己的生命，對工作是積極的，對學習是積極的。在我們的生命裡面，就是要正面、積極，不消極，消極就是浪費時間。消極還是過日子，積極還是過日子，還不如積極去過日子，那會獲得很多。不正面過日子，那就是不快樂的過日子，還不如快快樂樂的過日子。樂觀，發生什麼事情不要都先想到悲觀那邊，然後看不到樂觀；我們面對什麼都要樂觀，悲觀的想法不要讓它發生。任何事情在樂觀下都會圓滿、都會成功；如果是在悲觀下，縱然成功也失敗了，因為沒有什麼「好康」的。

還有愛心，沒有愛心，生命裡面就沒有甘泉，就沒有滋潤。愛心就是我們生命裡面的潤滑劑，沒有潤滑劑，生命是枯竭的、乾枯的；有了

愛心，生命是活躍的，是欣欣向榮的。愛心會帶動正面、積極、樂觀，它是一個循環；沒有愛心，就沒有正面、積極、樂觀。人生活在這個世間，愛心就是我們出生的原點，從媽媽生下我們，如果媽媽沒有愛心，我們可能變成自閉症；爸爸沒有愛心，我們可能沒有安全感。如果兩個都有愛心，我們平衡感就會很好，會覺得有安全感，活得很高興，生下來是幸福的、快樂的。給花草多一點愛心，它會長得美美的；每一個地方，只要有愛心，力量就會產生，就會產生生化作用，會產生非常大的 "energy"（英語：能量）。所以學佛的重點、學佛的精神也是在愛心。你的生命裡充滿了愛心，我們在學院裡面就能夠過得非常好，很有意義，未來在任何地方，都會是很有意義的生命。

承擔，就是在工作上、生活上都要有承擔力，才不會逃避；只要一逃避，就會錯過很多的機會。承擔讓我們在無形中得到經驗，生活中得到加持。毅力就是要忍耐，在六度波羅密裡面就是忍辱，可以忍就有毅力，不能忍就沒有毅力。忍是什麼呢？忍就是耐煩，只要耐煩就有毅力，不耐煩就沒有毅力。怎麼做到耐煩呢？要有愛心，這個是連貫下來，只要有愛心，就會有毅力、承擔。看到媽媽怎麼對你們，你們就知道怎麼對下一代；所以人就是一個傳承，佛法也是一個傳承，愛心也是一個傳承，生命裡面不可以缺少的就是愛心。所以說承擔、毅力都是從愛心來的。

大家凡事要往光明面去看、去想，積極是希望大家能夠充滿活力，主動學習、樂觀去學習、去生活，也希望大家在這裡愉愉快快的學習，心情能夠很好，那我們也可以有一些挑戰。愛心，

我剛才說了很多，就是我們相處要有愛心，生活的空間要有愛心，生活在我們身邊的人，都會覺得你有愛心，對事事物物我們都是用愛心去滋潤它，讓它活得很好。也希望你們能夠成為佛門的龍象，大家都能夠學得很好；象就是能承載，龍能夠騰空，承載、騰空，就是可以超越。大家能承載、能超越的來學習佛法，來成就一切苦難的眾生。學佛的目的就是自利利他，學佛就是要成佛，學佛法就是讓這甘露水灌注在我們的身心靈，滋潤我們，也更能夠把這份的滋潤充實到每個地方！好！阿彌陀佛！

9/12

永和講堂社區中元普度法會

緣於世界宗教博物館長期在地關懷，從2001年起每年都會與所在的東家創世紀大樓及附近社區以法結緣，一起舉辦中元普度法會。今年靈鷲山永和講堂與當地社區共同啟建「社區中元普度法會」，為社區住戶祈福、為往生親人及無祀孤魂等眾生超薦，令眾生都能仰仗佛法超生，往生善處，冥陽兩界和諧，地方詳和安定。

「中元普度」源起於孝順的表彰，體現慈悲樂施的美德，讓孤魂野鬼感受人世的熱忱，不僅是重要傳統節慶，也是蘊含和平與博愛的宗教活動。

「中元普度法會」八年來已成為社區固定的盛事，附近住戶每年都熱烈參與活動。

百萬部《寶篋印陀羅尼經》回向消弭H1N1疫情

秋冬之際，為防H1N1新流感疫情爆發肆虐，心道師父發起持誦百萬部《一切如來心秘密全身舍利寶篋印陀羅尼經》，息災止疫，期盼疫情早日消弭，解除社會不安的心靈。

法師帶領信眾共修《一切如來心秘密全身舍利寶篋印陀羅尼經》及《寶篋印陀羅尼咒》。

迷你版《一切如來心秘密全身舍利寶篋印陀羅尼經》——方便大家隨身攜帶的護身符。

9/22

唐美雲短期出家

　　心道師父為歌仔戲名伶唐美雲主持「短期出家儀式」。唐美雲為虔敬詮釋以《慈悲三昧水懺》為本的「宿怨浮生」歌仔戲劇碼，特別恭請心道師父為其主持短期出家儀式，師父並於9月25日應邀赴國家戲劇院欣賞「宿怨浮生」的演出。

短期出家正授儀式：唐美雲與十位戒子長跪，跟隨心道師父念授戒文。

1 】心道師父與唐美雲及十位戒子合影。
2 】《慈悲三昧水懺法》法本。

心道師父與「宿怨浮生」表演者合影。

10月

觀音法門——觀音薈供傳承法會

　　靈鷲山分別於台中、基隆、桃園等地舉辦「觀音薈供傳承法會」，由心道師父親傳觀音法門，帶領大眾共修〈大悲咒〉。觀音法門為心道師父自十五歲聽聞觀音聖號，歷經披剃出家、墳塚苦修、廣開甘露法門迄今，絲無間斷，修持之殊勝法門；師父期許眾人效法觀音拔苦救難的慈悲精神，長養菩提心，才是永絕後患、離苦得樂的佛行工作。

靈鷲山啟建觀音薈供傳承法會場次時間

時間	地點	承辦單位	備註
06/21	馬來西亞Sunway大學	馬來西亞佛堂	請見06/21則
10/04	台中市忠信國小	台中講堂	
10/31	基隆市正濱國小	基隆講堂	
11/29	桃園縣青溪國小	桃園講堂	

小朋友翻閱「愛地球九大生活主張」的翻板。

桃園觀音薈供法會。

1）中區護法進行莊嚴隆重的獻供儀
　　式——敬獻八吉祥聖物，象徵福慧
　　圓滿。
2）正行修法前，心道師父先傳授大眾
　　九分鐘的平安禪，將壇場沈靜結
　　界，並使與會大眾攝心安定。
3）法會功德主與心道師父合照。
4）心道師父手持金剛鈴與金剛杵，代
　　表著悲智雙運。
5）信眾上台接受心道師父加持。
6）小朋友領受心道師父加持的甘露。

1 】 燃燈供佛，願消三障諸煩惱。
2 】 參與法會的小朋友也專心的念誦法
本。
3 】 基隆觀音薈供法會當天正值心道師
父生日的淨行月，弟子們準備了蛋
糕向師父祝壽並念誦生日祈願文。
4 】 法會結束後，與會大眾開心的以花供
養心道師父，祝賀師父壽辰。

桃園觀音薈供圓滿開示

各位法師們、各位大德菩薩們，大家吉祥，大家如意，大家好，阿彌陀佛！很久沒有回到桃園跟大家聚在一起，很多的老徒弟，我也很想念大家，看到大家老淚縱橫，實在很感動。大家常常回無生道場就好啦，那麼久不回去，看到師父當然就會想哭了；不過師父滿感動的，感恩大家對這份緣的珍惜。

我們都在娑婆世界的苦海裡面，什麼都「抓不到」（註：「抓不到」台語發音與「娑婆」相近），真得很苦，人生總是無常——生老病死、悲歡離合，我們常常會遇到這些事情。還有，現在這個時代是地球暖化的時代，是風災、水災、火災、地震這些三災八難一起報到的時代。地球暖化越來越嚴重，因為暖化的關係，就會蒸發海水，這些水變成雲，雲就跟著氣流跑，造成氣流很不穩定，不下雨的地方就都不下雨，下雨的地方它就拼命下很多，水這樣下下來，山也被它沖跑了，人、房子也被沖跑了。

在這個災難重重的時代，我們的下一代又迷失在網咖，找不到回頭路；在這樣的狀況下，我們到底如何去面對這個時代呢？佛法講依止三寶、依止善業，「諸惡莫作、眾善奉行」，這個最簡單的一個法，可以讓我們滅災減難。我們常常生起善心的時候，也就是這個世界能夠改變的時候；如果我們的善心生不起來，這個世界也就沒辦法改變。

這個世界為什麼變成這個樣子？因為貪、瞋、癡瀰漫在我們之間。為了貪，我們做出很多破壞整個地球循環的事，讓地球發生了問題。因為瞋心，我們發動戰爭，讓核子彈、氫彈危害地球，讓地球的地殼搖動，然後造成地震的發生。我們的癡、迷惑，造成我們的邪見，就是常常扭

曲事實。所以，我們要依止佛法僧三寶，三寶是我們生生世世永遠依止而追隨的，能夠引導我們智慧具足、福德具足；只要福慧具足，我們就可以離開這些災難。佛叫做「福慧兩足尊」，在這個世間我們都欠福、欠慧，所以輪迴六道——三善道、三惡道，都在這裡面打滾，沒辦法出離。我們的殺業太重，所以變成瘟疫跟戰爭；看看我們吃的是什麼、用的是什麼，就知道我們的業在哪裡。大家要多吃素、少吃葷，又能環保、又能減碳，又能夠對地球有幫助。多吃素、少殺生，這是我們現在要提倡的，能夠讓大家都健健康康、平平安安地活在這個多災多難的世界。

對我們的命運，我們很無奈，為什麼呢？業力啊！業力就是前世因、今生果，糾纏在業力裡面，就是很無奈。但是我們「逗到」了佛法，就要虔誠，就要好好的學習。學習佛法是淨化我們的身口意，淨化我們的身，不造殺、盜、邪淫三業；我們的口不造四業——挑撥、惡口、綺語、兩舌。兩舌就是挑撥，惡口就是罵人。有些人「三字經」一直罵到老、到死，種了罵人的因，一出世沒多久，五、六歲就很會罵人，三字經照常罵。所以說口業要改，福氣就有；口業如果不改，禍從口出啊！我們要把口修好，口就是要讚嘆，不說是非，不說長短，常常要守口起善、守身起善。意就是貪、瞋、癡，貪要轉換成為好的布施，布施就是善業。瞋恨就要起慈悲心，憐憫拔苦、幫助別人、幫助弱勢團體，救災救難，要做這些善的循環。癡，就要做法會，聽聞佛法、看經典，讓我們的智慧不被烏雲遮蔽；我們的智慧要像太陽一樣光明燦爛、艷陽高照，不要烏雲密佈，造成憂愁。

我們的人生就是要積極，不要消極；消極，

人生就是黑白的，沒有彩色。想法不要負面，負面會影響家人、影響朋友、影響整個社會。正面就是善業，積極也是善業。樂觀，我們不要看什麼都很悲觀，凡事樂觀我們就吃的好、穿的好、睡的好，老婆、孩子、先生、父母都好；可是一悲觀，就什麼都不好。悲觀是一種不好的情緒，會造成家人、造成自己、造成大家都快樂不起來，所以我們要樂觀。我們的人生還要有愛心，沒有愛心，人生就沒有潤滑劑；有了愛心，人生就是彩色的。所以，要從愛心、正面、積極、樂觀去生活，這樣子生活，我們的下一代也會跟著學。如果這個做不好，就等於是惡業。所以要怎麼樣呢？積極、正面、樂觀、愛心，這是我們人生的價值觀，也是人生最大的享受。

學佛是學什麼？佛陀教導我們的就是了生死、斷煩惱。我們在這個世間，生死是一個煩惱，要怎麼斷呢？要長智慧，首先要跟佛學習不死的覺性，跟著祂的法去學。法就是無障礙，能夠進入覺醒而能夠解脫煩惱；沒有覺醒就不能解脫。覺醒要靠靠善知識，要跟隨常住三寶。僧寶從佛陀到現在一直沒有斷層過，一直在引導我們。跟隨三寶，我們能夠學習到覺醒力，學習到解脫障礙跟苦惱。第二個就是我們要跟佛學習無障礙的智慧；第三個學習的就是無量的慈悲。

學佛就是學習不死的法身，每一個人都有覺性，可是我們的覺性被遮蔽住了，沒想到也沒去觀察、沒去了解，就迷失掉了。什麼東西迷掉了？我們看到的就只是自己這個身體，只看到眼睛看到的這一切，沒有真正看到覺性的無生無滅。覺性是不會生、不會死，沒有學到覺性的無生無滅，我們就是流浪生死。我們要學習智慧，智慧有了以後，我們才不會自找煩惱、自找麻

煩，自己糾纏自己，自己跟自己過意不去，自己綁手綁腳，還怪罪別人。學習智慧，才能夠透視一切的煩惱、業障。

生命的意義是什麼？生命的意義就是生生世世我們都能夠獲得無盡的福祉。平常一般人，只經營這一生能賺錢、努力打拼事業，不管怎樣就是要拼一個成功的結果；這一生只打算這樣去做，但是這些都叫做貪瞋癡。佛法是經營我們生生世世的生命都是好命、好運的，要從我們點點滴滴的生活中，去施善布施、開智慧；這樣我們的生命記憶體才能夠環扣到生生世世的善緣。比如說，現在我們做委員、會員，就是把那個善緣環扣起來，來世再來結好緣，不是來世再來「相欠債」。要結善緣，大家就要參加靈鷲山的會員、委員，來投資生生世世的生命，沒有投資就都是浪費掉，糊裡糊塗一輩子就過去了，都沒有賺到。現在靈鷲山在做聖山建設，大家要投入，不用多少，重要是一個心。

聖山就是讓我們種下成佛的種子，我們隨時隨地都要發願成佛，捐一塊錢也發願成佛，做義工也發願成佛，時時刻刻都要發願成佛，那就叫做「華嚴世界」。每一個人都是華嚴世界的一份子，未來都是佛，所以，我們共同來做成佛的事業。我們的會員、委員，都是在經營菩提心農場，大家要耐煩、耐勞，慢慢的挖、慢慢的種、慢慢的澆水、灑肥料，讓我們的菩提種子一直長大。大家要學習發菩提心，成就佛道，這樣才是永絕後患、不再輪迴。

大家要發願離苦得樂、要持〈大悲咒〉、念「阿彌陀佛」，希望大家常常回山，常常去拜山、朝山。祝福大家都能夠成佛，大家都能夠發菩提心，阿彌陀佛！

新加坡水陸空大法會

靈鷲山首次於新加坡啟建「水陸空大法會」。靈鷲山水陸法會自1994年首次於台中啟建以來，十六年來，秉「悲願、嚴謹、平等」之精神，依古禮，嚴謹辦道，早獲教界肯定。今年，靈鷲山具足奇妙善緣，假新加坡潮洲義安會館啟建水陸法會，受到當地信眾熱烈參與，遠乎預想，一解當地信眾求法之心，也圓滿心道師父與弟子間的承諾。

懸掛九蓮燈宣告水陸大法會正式啟建。

1】法會地點：新加坡義安文化中心。
2】啓建水陸大法會榜文。
3】內壇壇場。
4】外壇壇場。
5】內壇佛事——功德主獻供。

1】外壇啓壇佛事,心道師父及法師領
　　眾禮佛。
2】外壇五大士焰口法會。
3】信眾恭敬讀誦法本。
4】心道師父與新加坡功德主合影信眾
　　為往生親友立超薦牌位。
5】信眾為往生親友立超薦牌位。

1 】心道師父在外壇為信眾開示。
2 】心道師父與戒德老和尚、新加坡隆
　　根長老相談甚歡。
3 】隆根長老贈書法予戒德老和尚。
4 】圓滿送聖西方船。

印度瑜伽宗師馬哈拉甲
訪世界宗教博物館

印度瑜伽宗師馬哈拉甲大師（Sri Swami Adhyatmanandaji Maharaj）參訪世界宗教博物館。大師盛讚心道師父創辦世界宗教博物館的發願，「做了一件對全人類很有幫助的事！」並連連以"Wonderful"、"Amazing"等字眼來形容博物館的成立，讓全世界各不同地方、種族的人有機會彼此互相了解對方的信仰及文化。

中華民國瑜伽協會參訪世界宗教博物館合影。

印度瑜伽是結合了吟唱、冥想、靜坐等等方式修練身心靈的活動，穩定的吟誦聲讓人能夠沉澱自己，體驗不同宗教的寧靜。

墨西哥死亡節嘉年華

　　世界宗教博物館推出「墨西哥死亡節（Dia de los Muertos）嘉年華」特展，讓民眾了解墨西哥人面對死亡與祭祀的宗教內涵。結合天主教與印地安文明紀念亡者的傳統，死亡節傳達墨西哥人對待生命與死亡的正面態度：死亡並不是生命的終點，而是新生命起點的精神。墨西哥人相信「生」與「死」之間仍然能夠聯繫，藉由死亡節，每年一次生死團聚，喚回對已故親人的記憶。

好玩的骷顱頭先生，原來是張椅子。

1】小朋友對於色彩鮮豔豐富的墨西
　　哥祭壇感到十分新奇。
2】骷髏頭先生與小朋友的彩繪雨
　　傘，結合成一幅有趣的畫面。
3】祭壇陳設一景。
4】會跳舞的骷髏－－充滿趣味的墨
　　西哥死亡節剪紙藝術。

1 】 祭壇——墨西哥人調侃
　　死亡、親吻死亡、慶祝
　　死亡、與死亡同寢。

2 】 你看！這是我做的耶！

1】世界宗教博物館於10月31日萬聖節當天舉辦墨西哥式「歡樂嘉年華」活動，吃喝玩樂一應俱全，讓大家從各種層面認識墨西哥、體驗死亡節。

2】「跳吧！骷髏人」DIY活動──骷髏頭旗幟

3】「跳吧！骷髏人」DIY活動──創意彩繪骷髏頭。

4】「狂歡派對」──墨西哥情歌王子深情獻唱。

格則仁波切訪山

藏傳佛教寧瑪噶陀傳承五大黃金法台之一的第五世格則仁波切訪問靈鷲山無生道場，拜會同具有噶陀傳承的心道師父，在師父陪同下，仁波切遍歷靈山聖境，讚嘆：「靈鷲山果然是閉關聖地，是大圓滿的聖山！」

心道師父於祖師殿向格則仁波切仔細介紹早年的修行生活。

1 】心道師父向格則仁波切介紹靈鷲山
之景。

2 】格則仁波切向心道師父致贈讚辭。

3 】讚辭中譯：「聖教吉祥上師常住
世，掌教大師遍滿大地間，振教施
主財富權勢增，聖教長久住世願吉
祥。」

心道師父壽誕

　　農曆9月9日是心道師父六十二歲的壽誕，靈鷲山四眾弟子以朝山淨行為師父祝壽；共修「藥師普佛」，以法供養師父，祈願師父長久住世、法體康泰、法輪常轉。

四眾弟子共修「藥師普佛」，祈願上師法體康泰。

1 】最勝的供養即是 —— 努力精進、以報師恩。
2 】護法信眾為心道師父祝壽。
3 】四眾弟子郊聚一堂，為心道師父祝壽。
4 】心道師父開心地接受大眾的祝賀。
5 】切蛋糕囉！
6 】供養上師，祈願上師長久住世、身體健康。

心道師父出席「2009草嶺古道芒花季」敲鐘祈福揭幕儀式

心道師父應邀出席東北角風景管理處舉辦之「芒花物語──2009草嶺古道芒花季」百人敲鐘祈福揭幕儀式，心道師父並帶領大眾「赤腳行禪」，藉由雙腳接觸地氣，排遣體內鬱積之氣。

心道師父致詞。

1 】心道師父與貴賓及現場民眾，手繫祈福繩敲響和平的鐘聲。
2 】心道師父帶領大眾「赤腳行禪」走上草嶺古道。

斯洛維尼亞人類學博物館館長
訪世界宗教博物館

　　斯洛維尼亞人類學博物館亞非館館長Mr.Ralf Ceplak Meninc，參訪世界宗教博物館，認為世界宗教博物館從創館理念、展示內容、陳列規劃、到高科技的運用都令人覺得"Fantastic"，對心道師父當年創館過程特別感興趣與讚嘆。

世界宗教博物館館長秘書范敏真與Mr.Ralf Ceplak Meninc，於宗博館門口合影。

世界宗教博物館展示大廳180度。

Mr. Ralf Ceplak Meninc表示，世界宗教
博物館的現代化與豐富多元，讓他印象
非常深刻。

11月

江蘇天寧寺住持松純法師來訪

中國大陸江蘇常州天寧寺住持松純法師參訪靈鷲山無生道場。始建於唐太宗貞觀年間的常州天寧寺素有「（中國）東南第一叢林」美譽，高齡八十二歲的住持松純法師，與心道師父同屬臨濟法脈；在心道師父陪同下參觀靈鷲山，法師不時讚嘆：「靈鷲山真的是個清淨佛地！」並邀師父至常州天寧寺教授禪修，讓兩岸佛法常相交流。

天寧寺住持松純長老來山參訪。

1】心道師父與松純長老在法華洞內,長老有感:「因為有『心』、有『道』,
所以有了這樣一個修行的地方。」
2】松純長老現場揮毫。
3】松純長老致贈心道師父墨寶。

大陸敦煌研究院院長樊錦詩
訪世界宗教博物館

中國大陸敦煌研究院院長樊錦詩參訪世界宗教博物館，並與江韶瑩館長進行心得交流，對於世界宗教博物館的展區設計、高科技多媒體的運用，多表贊許；並對心道師父致力於宗教和諧的努力，表示肯定，也請江館長代向心道師父表示尊敬與感謝。

敦煌研究院樊錦詩院長（右）及研究員參訪世界宗教博物館。

1 】導覽員細心地為樊院長解說。

2 】樊院長為此次參訪之行留下感言。

世界宗教博物館開館八周年慶

世界宗教博物館（以下簡稱宗博館）開館八周年館慶，推出《慈悲·自在——遇見觀音》及《台灣宗教建築縮影系列I——艋舺龍山寺》等特展。宗博館創辦人心道師父、榮譽館長漢寶德、館長江韶瑩以及社會各界貴賓、護法榮董，雲集宗博館，同為宗博館慶生，也為地球祈福。宗博館自籌建以來，以「尊重、包容、博愛」為創館理念，建構一個提供各宗教對話、交流的平台，希望透過宗教對「愛」的共同追求，透過對話找尋臻至「和平」的途徑。

結合科技與藝術表現的觀音特展，心道師父足步生蓮一景。

「應以何身得度者，即現何身而為說法。」

世界宗教博物館提供了一個相依相存的平台，讓彼此有對話、交流和理解的機會。

1） 江韶瑩館長為「慈悲‧自在 —— 遇
　　見觀音」特展開展致詞。
2） 導覽員向貴賓解說。
3） 江韶瑩館長與心道師父是十多年的
　　老友了。
4） 艋舺龍山寺挹注世界宗教博物館辦
　　理本次台灣宗教建築系列特展。
5） 左起艋舺龍山寺黃書瑋副董事長、
　　心道師父、財團法人艋舺龍山寺板
　　橋文化廣場長賴正信執行長於特展
　　模型前合影。

11/20

中國大陸福建省佛教教育訪台交流團訪無生道場

　　中國大陸福建省佛教教育訪台交流團，在中國佛教協會副會長本性法師帶領下訪問靈鷲山，心道師父以「華嚴世界」精神，說明靈鷲山推動宗教交流之種種經驗與成果。

心道師父與福建省佛教教育訪台交流團合照。

2009年普仁獎助學金頒獎儀式

靈鷲山佛教教團本著促進社會崇尚生命品德之觀念與風氣，在2003年創立普仁獎學金，針對家境清寒且品德優良之學子，鼓勵他們完成學業，成為自利利人之社會棟樑。普仁獎學金之名緣起於靈鷲山心道師父另一法號「普仁」，心道師父從小為孤兒，且早年貧困顛沛流離，故以師父之名成立「普仁獎助學金」，以師父的慈悲願力幫助有心向學之學子，且「普仁」亦有「普遍的仁子」之義，期望社會大眾能本著「人飢己飢，人溺己溺」的精神，幫助弱勢族群，讓社會遍布有仁心的「仁子」，用愛心照亮社會黑暗的角落。「普仁獎助學金」舉辦至今，已邁入第七個年頭，今年的頒獎儀式陸續在全台各地展開，並配合地區講堂舉辦各種具地方特色的活動，以饗得獎的莘莘學子跟與會來賓。例如，台南分院結合行之有年的「愛在鳳凰城園遊會」，高屏講堂舉辦「慈悲與禪」愛心園遊會，北縣各區講堂則招待得獎小朋友參觀世界宗教博物館。

1】台南普仁獎學金──「愛在鳳凰城」園遊會。
2】台南普仁獎學金──常存法師頒發獎狀及獎金。
3】台南普仁獎學金，得獎者全體大合影。
4】高屏普仁獎學金，了意法師與高雄縣長楊秋興及小朋友們頒獎台上合影。

1 】 高屏普仁獎學金慈悲與禪園遊會現場活動，現場舉辦體
　　驗禪修活動。
2 】 高屏普仁獎學金慈悲與禪園遊會現場活動——慈悲樹。
3 】 北縣普仁獎學金評委、護法委員、法師與受獎學生全體
　　合影。

4 】 滿滿的祈願，
　　串起幸福。
5 】 北縣普仁獎學
　　金——小朋友
　　與媽媽一起認
　　真的寫著幸福
　　小卡。
6 】 北縣普仁獎學
　　金得獎小朋友
　　參觀世界宗教
　　博物館。

1）蘭陽普仁獎學金——
　　由大良法師頒獎給得
　　獎者。
2）蘭陽普仁獎學金得獎
　　獎牌。
3）蘭陽普仁獎學金得獎
　　者合影。

12 月

心道師父出席第五屆世界宗教大會

　　心道師父赴澳洲墨爾本出席「2009年世界宗教大會（CPWR）——世界大不同：聆聽彼此，療癒地球」。師父應邀於會員大會上以吟誦〈六字大明咒〉為大會及地球祈福，並帶領大眾修習「一分鐘禪」，透過「深呼吸、合掌、放鬆、寧靜下來、讓心回到原點」，讓世俗煩亂的心寧靜下來，讓內在心境與外在環境自然和諧，現場氣氛寧靜莊嚴感人，最後師父並獻上最深的祝福：「心和平，世界就和平。」為祈福劃下圓滿句點。

心道師父出席澳洲墨爾本「2009世界宗教大會」參與會談一覽表

日期	時間	主題	參與者
12/03（四）		抵達墨爾本	
	17:30-19:00	成果交流－聖蹟保護	錫克教主辦
12/04（五）	08:00-09:00	晨禱——心道師父帶領禪修	
	11:30-13:00	研討會：在追求公義中締造和平（第十一場回佛對談）	心道師父、Ven. Karma Lekshe Tsomo、Ruben Habito、Amir al-Islam、Chandara Muzaffar
	14:30-16:00	專題座談系列：宗教及靈性團體在衝突及調解中扮演的角色	心道師父、Fr. Leonel Narvaez、Dr. William Vendley
12/05（六）	09:30-11:00	邁向永續和平的生態	心道師父、Harbans Lal, Awori Moody, Devinder Singh Chahal, Pal Ahluwalia, Tatiana Anderosov
12/06（日）	16:30-18:00	以利亞交流協會（The Elijah Interfaith Institute）成果報告	心道師父、Jinwol Lee、Caidinal Thedore McCarrick、Imam Feisal、Bhai Sahib Mohinder Singh、Rabbi David Rosen、H H Pujya Swami Chidanand Saraswati、H H Swamii Amarananda、H H Dadi Janki、Sr Joan Chittister
12/07（一）	11:30-13:00	研討會：東亞（宗教）的生態觀	心道師父、Mary Evelyn Tucker、Ruben Habito
	14:30-16:00	研討會：尋找內在和平的智能分享	心道師父、Rabbi Dr. Alon Goshen-Gpttstein、Dr. Bhai Sahib Mohinder Singh、Paul Knitte
12/09（三）	11:30-13:00	專題座談系列：宗教及靈性團體在衝突調解中扮演的角色	心道師父、Fr. Leonel Narvaez
	14:30-16:00	閉幕大會	

第五屆世界宗教大會，12月3日晚上在澳洲墨爾本國際會議中心正式拉開序幕，會議邀請了數十個宗教團體參加。

1】 心道師父與所有與會者共同參與盛
　　大的開幕儀式。

2】 心道師父戴上寧靜手環，以寧靜作
　　為獻禮，將全球寧靜運動及寧靜手
　　環帶向國際。（右為愛馬仕和平基
　　金會董事會主席：賽門・愛馬仕）

3】 心道師父於會議正式開始的第一
　　天，於禪修房帶領大眾晨禱、禪
　　修。

4】 12月4日心道師父在第十一場回佛
　　座談中，以「在追求公義中締造和
　　平」為題發表演說。

1】12月5日心道師父在「環保智慧——邁向永續和平的生態」研討會中發表演說。

2】心道師父於全體會員大會中，受邀上台為世界祈福。

3】心道師父與靈鷲山法師在台上帶領與會大眾進行一分鐘禪修，現場氣氛莊嚴感人，為祈福晚會劃下的句點。

4】心道師父於晚會中唱誦〈六字大明咒〉。

1】12月6日心道師父於「宗教領袖領導
　　力——以利亞交流協會成果報告」
　　中，發表演說。
2】來自世界各地的宗教代表，在短暫
　　的幾天內充分溝通彼此的心聲。
3】12月7日「東亞宗教的生態觀座
　　談」，心道師父發表演說。
4】12月9日墨爾本THE AGE報紙以大篇
　　幅報導心道師父寂靜修的歷程以及
　　世界和平的願力，標題中譯：「童
　　兵轉為僧侶發願保護地球」。
5】專題座談系列——宗教及靈性團體
　　在衝突及調解中扮演的角色。

12/4

墨爾本世界宗教大會晨禱祈願文

祈願

佛法僧三寶加披你我

愛是我們共同的真理

和平是我們永恆的渴望

和平不會自己來

需要用覺性啟發它

用對談創造它

用教育鞏固它

內在和平是愛的泉源

祈願我們

用寧靜觀照自心

用真誠聆聽他人

用慈愛推動和諧

共創愛與和平地球家

嗡嘛尼貝咩吽

心道禮敬

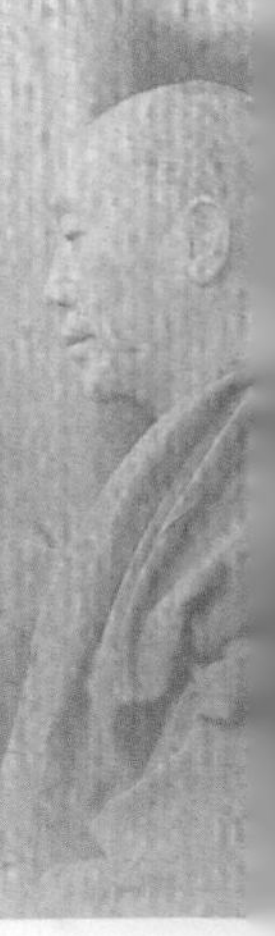

12/7

墨爾本世界宗教大會演講
——東亞宗教的生態觀

主持人、塔瑪莉博士、Ruben、所有與會來賓、大家好：

很開心在這裡看到各位。有幾位已經是老朋友了，我們曾經在回佛、地球療癒等議題上提出彼此的看法和意見，今天能夠有機會在這裡一同探討宗教如何面對當代的生態問題，並提出可能的解決方法，可見大家都是不斷的關心、愛護地球，共同希望地球的明天會更好。

這幾年，透過新聞畫面，甚至生活周遭，看到許多令人不忍的景象，南亞海嘯、美國紐奧良的卡翠娜颱風、今年台灣的八八水災，造成許多生命財產的損失。在難過之餘，我也誠心祈願罹難者獲得安息、受災者重新出發、更祈願人們能從這些自然災害中記取教訓。

遺忘是歷史重複發生的關鍵，而貪婪則是走入災難的起點。每次災害的產生，人總會將地球暖化、環保的問題重述一次，然而當要替環保盡一份心力時，人心的貪婪卻又戰勝了環保的良心，於是長久貪婪的累積，造成一次比一次劇烈的災難。

要終止天災傷害的歷史輪迴，不僅要有外在環保的政策，也必須中止人心內在的貪婪。貪婪是不滿足的起點，為了滿足自我私欲，不斷從外在自然身上獲取供自己享用的資源，不知道在傷害自然的同時也就是在傷害自己，環保不僅是環境問題，更是生存的問題，唯有人心與自然的和諧，生命才能在地球上不斷傳承。

佛經說：「諸法所生，唯心所現。一切因

果，世界微塵，因心成體。」現今世間各種禍害以及大自然災難都不是無緣無故發生，所有這些災難的根源是人心的貪、瞋、癡、慢、疑五毒，貪就是貪婪多求；瞋就是憤恨不滿；癡則是無知愚昧；慢則是驕傲自大；疑就是懷疑猜忌。五毒敗壞人心道德，造成對立，在時空條件的累積下引發災難，唯有去除五毒所引發的惡業，才能真正獲得內在心境與外在自然的和諧，也獲得一個適合人類生存的地球。

佛法裡有非常具體消滅五毒的方法，以捨對「貪」，捨就是布施、分享，與他人共生共榮；「瞋」則要用慈悲、包容的心來化解憤恨、圓滿彼此的關係；「癡」要用智慧來治理，瞭解生命的真實意義；「慢」可以被謙卑學習的心消解，尊重彼此的存在與差異；「疑」則是要從建立互信開始。

佛教追求內外相攝相入的和諧，這一切都不離開戒、定、慧三學，戒是生活規範；定是對自我內心信念的持守，使得生命的踐行有正確的方向；慧是消融與解開，讓每一個當下都是圓融和諧的展現。

這三學不僅調和人的內在問題，更能改變人的認識觀與價值觀，人的認識觀與價值觀影響著世界的發展，而人的認識觀與價值觀來源則是教育，在教育中，最深入的力量則是宗教，宗教與學校教育最大的不同在於，宗教是用生活實踐來教育信眾，帶領信眾從實踐當中改變自我、改變世界。

因此，我誠摯邀請所有宗教、領袖、學者一同合作，喚醒冰封在實用、功利主義下的良心，用各自宗教的教育來轉化人心，帶領各自的信眾參與對話與跨宗教的合作，結合各宗教的智慧共

同面對人類生存問題。要真正解決生存問題，就要先深入理解眾生的苦難開始，從理解到實際消融自我內心與外在世界的苦難，使眾生得以平安、和諧的生存在愛與和平地球家中。

當我們能夠傾聽內心的寧靜，並瞭解寧靜背後的真諦，這樣，我們將會有足夠的智慧和愛，來關懷、保護我們生存的地球。

祝福大家！謝謝！

第八屆宗教文學獎頒獎典禮

　　「2009第八屆宗教文學獎」於台北市長官邸藝文沙龍「表演廳」舉行頒獎典禮，今年徵文主題為「喜歡生命，聆聽寂靜」，設短篇小說組及新詩組兩獎項。歷經八屆的宗教文學獎，歷屆得獎作品不論在題材、體裁、寫作手法、表現方式上都顯得開放、多元，不再硬邦邦的將宗教視為一種信仰，而是將宗教與人生結合，貼近生活、深入心靈的表述，不僅感動自己，也溫暖他人，為宗教的藝術表現，敞開一扇光亮之窗！

世界宗教博物館榮譽館長漢寶德先生頒發短篇小說首獎給得獎人薛好薰。

世界宗教博物館江韶瑩館長頒發新詩獎首獎給得獎人林禹瑄。

2009第八屆宗教文學獎評審及得獎者全體合影。

世界宗教博物館成立「生命教育中心」

世界宗教博物館成立「生命教育中心」，希望透過中心的成立，讓更多學校、教師以及社會團體能深入運用博物館資源，讓生命教育能於生活中實踐，讓生命更有尊嚴與價值，真正落實心道師父「愛與和平」的博物館精神。

教育部社教司柯正峯司長掛上「樂活卡」，分享樂活的思維。

1】12月5日世界宗教博物館「生命教育中心」掛牌儀式，左起：文建會游淑靜副處長、靈鷲山慈善基金會釋洞音法師、永和市民代表周中元理事長、世界宗教博物館江韶瑩館長、漢寶德榮譽館長、教育部社教司柯正峯司長（黃宇新拍攝）。

2】國立臺北教育大學生命教育與健康促進研究所黃雅文教授，於《美的延伸線——樂活、藝境、心美學》新書發表暨研討會中致詞。

3】生命領航員聯誼會第六屆年會，與會者合照。

靈鷲山獲台北縣政府「社會教化」獎項

　　靈鷲山無生道場榮獲台北縣政府「2008年度興辦公益慈善及社會教化績優宗教團體表揚大會」，頒發「社會教化」獎。靈鷲山追隨心道師父觀音本願，以「慈悲與禪」為宗風，推廣正信佛法，實踐「生命服務生命，生命奉獻生命」精神，並大力推動自然、簡單、樸實的生活禪修，以寧靜運動及九大生活主張，積極推動節能減碳計劃，獲「社會教化」獎，是對靈鷲山努力成果的肯定與尊崇。

靈鷲山無生道場榮獲「社會教化」獎項，是對教團努力的肯定。

12/20～30

緬甸朝聖供萬僧

　　心道師父率僧俗二眾弟子前往佛國聖地──緬甸朝聖暨供萬僧。自2002年起，心道師父發願年年帶領靈鷲山全球弟子前往緬甸供僧、朝聖，護持緬甸的佛教文化，至今已持續八年。供僧即是清淨的供養，可讓眾生遠離煩惱，除心束縛，得清淨心，獲無上福田。今年，靈鷲山供僧朝聖團，除陸續在仰光、曼德勒（Mandalay）、明空（Mingoon）以及莫哥（Mogok）等地區供僧外，也參加靈鷲山緬甸GFLP納吉斯風災重建計畫資助重修的仰光肯瑪碧瑟亞（意為無危難勝利）戒壇的開光典禮，禮讚佛法傳承。

1 】靈鷲山2009年第八屆緬甸供萬
　　僧朝聖團合影。
2 】仰光市全國上座部巴利大學。

12月20日朝聖團在仰光市全國上座部巴利大學的供僧。

1】朝聖團恭敬地等待僧人前來應供。

2】12月22日靈鷲山緬甸朝聖團在Singang省Singang山省僧伽主席寺院，供養三千多位僧人。

3】12月23日曼德勒巴利大學的供僧。

4】坐著卡車前來應供的僧人。

5】歡喜接受供養的八戒女。

6】心道師父歡喜供養小沙彌。

1】用清淨的心供佛就是最上供養，就
　　能體會什麼是佛。
2】等待——掙脫牢籠。
3】朝聖團進入紅寶石地 —— 摩構
　　（Mogok）地區。
4】放生——祈願眾生遠離貪瞋癡，永
　　不墮輪迴。
5】山勢靈秀的摩構。

心道師父於摩構大師閉關的山洞旁禪坐。

1】重建後的仰光市帕翰區一百六十多
年歷史的肯瑪碧瑟亞戒壇。

2】心道師父為肯瑪碧瑟亞戒壇開光、
灑淨。

3】德馬溫達寺院住持巴單那南陀巴達
老和尚非常歡喜地讚嘆心道師父的
佛行事業。

寂光佛寺三時繫念法會

靈鷲山寂光寺啟建「年終圓滿補闕法會——三時繫念」，寂光寺為心道師父早年於宜蘭礁溪的修行故地，是靈鷲山的緣起地。自2005年起，於每年的歲末年終啟建「三時繫念法會」，為一年來靈鷲山所有義工，在讚經、法會、朝聖，與眾生結緣過程中，做一次「年終圓滿補闕法會」。

寂光寺近年來教團特別在歲末期間，啟建「年終圓滿補闕法會 —— 三時繫念」，祈願四眾弟子平安，佛行功德圓滿，上師長久住世、法體康泰、法輪常轉。

三時繫念佛事為繫念彌陀佛，專持佛號，祈願亡者隨佛號往生極樂淨土之殊勝佛事。

佛國種子獎助學金頒發典禮

　　靈鷲山分別於緬甸果目與滾良光兩地區舉辦「佛國種子獎助學金頒獎典禮」，嘉惠兩地十八所小學、兩所高中共三百四十位學生，以及滾良光當地六所僧院共五十位小沙彌。靈鷲山GFLP緬甸計畫自2002年執行「養恩教育計畫」以來，希望通過教育讓下一代能夠延續佛法的扎根，讓這些學子成為永續佛法的佛國種子。

佛國的孩子，成佛的種子。

1】來自千里之外菩薩們的願
　　力，圓滿了學子的進取之
　　心。

2】滾良光市六所僧院五十位
　　小沙彌接受頒獎及合影。

附録

2009靈鷲山大事年表

日　期	事　件　要　述
01/01～14	靈鷲山無生道場年度內眾冬季閉關，進行「華嚴與進階禪修雙閉關」；並於華嚴閉關圓滿當天，啟建「瑜伽焰口超度法會」。
01/01	靈鷲山佛教教團啟建2009年第二場水陸先修 ——「大悲觀音度亡圓滿施食」法會。
01/10	靈鷲山無生道場舉辦山門入口阿育王柱灑淨裝臟儀式，由心道師父親臨主法。
01/11	世界宗教博物館舉行歲末志工感恩大會。
01/14	藏傳佛教寧瑪傳承法王子穆桑古千仁波切參訪世界宗教博物館。
01/16	靈鷲山桃園講堂舉辦歲末聯誼會。
01/16	靈鷲山花蓮共修處舉行普仁獎學金頒獎。
01/17	靈鷲山台南分院舉行委員、儲委暨志工聯誼會。
01/17	靈鷲山台東中心舉行普仁獎學金頒獎。
01/25	靈鷲山無生道場舉辦「新春除夕圍爐」，並重啟開山聖殿門扉，接引新春來山祈福的有緣人。
01/25～26	靈鷲山香港講堂於新春期間啟建「新春法會」。
01/26～30	靈鷲山無生道場於新春期間舉辦「新春迎財神」活動。
01/26	靈鷲山基隆講堂於大年初一舉辦朝禮靈鷲聖山活動。
01/26	靈鷲山台北講堂於新春期間啟建「台北千燈法會」。
01/26	靈鷲山嘉義中心於大年初一舉辦「財神咒、點開運香」共修活動。
01/26	靈鷲山蘭陽講堂舉辦新春團拜。
01/26	靈鷲山泰國講堂於新春期間啟建「財神法會」。

01/29	靈鷲山無生道場於大年初四舉辦「新春榮董聯誼」，邀請全國各區榮董回山，心道師父親臨開示。
01/30～02/03	靈鷲山桃園講堂於新春期間啟建「梁皇法會」。
01/30	靈鷲山蘭陽講堂於新春期間回山團拜。
01/31	台灣文化界人士包括世界宗教博物館榮譽館長漢寶德，年代集團董事長邱復生，台灣文創企業聯盟董事長王榮文，佛光大學藝術學研究所所長林谷芳及詩人管管等一行近60人於大年初六至靈鷲山無生道場參訪，並與心道師父晤談。
02/01～03	靈鷲山無生道場舉辦「青年佛門探索營幹部訓練」。
02/01～02	靈鷲山台南分院於新春期間啟建「大悲觀音暨華嚴祈福法會」，並於圓滿日（正月初九）啟建「齋天」法會。
02/02	靈鷲山佛教教團舉辦「同仁新春回山團拜」。
02/04	心道師父率四眾弟子前往法鼓山弔唁聖嚴法師。
02/04～08	靈鷲山無生道場舉辦第九屆「佛門探索營——與佛做朋友」，心道師父蒞臨現場為青年學子開示。
02/04～14	靈鷲山樹林中心應邀參與樹林市公所與鎮南宮、海明禪寺共同舉辦的「2009樹林之美——新春嘉年華燈會」活動。
02/05	靈鷲山樹林中心舉辦新春感恩聯誼會，心道師父蒞臨開示。
02/06	世界宗教博物館舉辦「迎春跨宗教祈福交流茶會」，邀請台灣各宗教界領袖代表共同為台灣、世界祈福。
02/06～08	靈鷲山紐約道場為新春祈福，啟建「大乘妙法蓮華經法會」。
02/07	靈鷲山台中講堂啟建「財神法」法會。
02/08	靈鷲山新莊中港中心啟建「財神法會」。
02/08	靈鷲山樹林中心啟建「齋天法會」。
02/15	靈鷲山北縣A區護法會於五股鄉水碓村社區活動中心舉辦「新春聯誼」。

02/15	靈鷲山泰國講堂舉辦「《金剛經》講座」，敦請靈鷲山首座了意法師主講。
02/17	天帝教開導師培訓班一行參訪無生道場，並與心道師父晤談，雙方分享宗教交流、修行經驗。
02/18	靈鷲山無生道場舉辦「雲水一日禪」。
02/19～04/05	世界宗教博物館推出「宗教攝影行腳系列：李信男──1996土耳其、以色列宗教聖地考察攝影展」。
02/21	靈鷲山無生道場啓建「大悲觀音度亡圓滿施食」法會。
02/22	總統府資政陳金讓參訪無生道場。
02/22	靈鷲山護法會於台南分院舉辦「中區以南──全國授證委員精進營」。
02/23	法鼓山方丈果東法師來山拜會心道師父，禮謝師父前往法鼓山弔唁聖嚴法師。
02/25	靈鷲山佛教教團捐助中國四川省佛教協會重建校園善款。
02/27	心道師父率徒眾偕同靈鷲山聖山建設總顧問漢寶德先生，於總統府拜會馬英九總統，並向總統介紹「華嚴聖山」建設藍圖。
02/28～03/01	靈鷲山護法會於無生道場舉辦「殿堂志工精進營」。
03/01	靈鷲山台南分院舉辦「水陸聯誼會」。
03/01	靈鷲山泰國講堂啓建「觀音法會」。
03/04	心道師父率徒眾回佛光山尋根懷恩，以報星雲大師剃度之恩。
03/06～08	靈鷲山無生道場舉辦「斷食雲水禪三」。
03/06～08	世界宗教博物館與馬偕醫院共同主辦「2009年度生死教育議題──生死關懷種子教師研習營」。
03/07	靈鷲山無生道場啓建「大悲觀音度亡圓滿施食」法會。
03/08～15	靈鷲山無生道場舉辦內眾春季精進禪七。

03/08	靈鷲山護法會舉辦「西區以北全國授證委員精進營」。
03/08	靈鷲山台南分院舉辦「台南區志工聯誼會」。
03/13	龍應台專訪心道師父，重現滇緬孤雛的童兵歲月。
03/15	靈鷲山台東中心舉辦「回山供僧」活動。
03/15	靈鷲山泰國講堂於觀音菩薩誕辰舉辦「觀音文化日」活動。
03/18～22	靈鷲山佛教教團於大高雄地區舉辦富貴金佛遶境並啓建「2009年水陸第三場先修法會」，祈願台灣經濟繁榮、民生富饒、安度金融風暴。
03/21	心道師父率徒眾拜會千佛山般若寺白雲長老，彼此交流弘法利生的志業與經驗。
03/22	靈鷲山佛教教團於高雄漢神巨蛋大廳啓建「2009年水陸法會第三場先修－富貴金佛祈福暨瑜伽焰口法會」，共修《佛說雨寶陀羅尼經》。
03/22	靈鷲山基隆講堂於基隆仁愛國小啓建「清明懷恩地藏法會暨敬老關懷財寶天王富貴祈福活動」。
03/24	藏傳佛教格魯傳承札西慈仁仁波切（Geshe Tashi Tsering），在台灣達賴喇嘛西藏宗教基金會見悲青增格西（Geshe Jampal）的陪同下來山參訪，並與心道師父晤談。
03/27	靈鷲山無生道場舉辦「雲水禪一」活動。
03/28～04/01	心道師父以靈鷲山開山大和尚身分應邀參加於蘇州與台北兩地舉行的「第二屆世界佛教論壇」，並於「佛教修學體系的建設與反思」分組討論中發表演說。
03/28～29	靈鷲山弘法青年團於靈鷲山無生道場與草嶺古道，舉辦「佛法饗宴暨活力單車行」。
04/02	斯里蘭卡索比塔長老（Ven.Sobhita）、印度摩訶菩提國際禪修中心創辦人Sanghasena以及世界宗教理事會創辦人之一的Gene Reeves等一行於參加第二屆世界佛教論壇圓滿閉幕後，來山參訪，並與心道師父會晤。
04/02	馬來西亞佛教首座達摩拉達那長老（The Most Ven.K.Sri. Dhammaratana,Chief.High Priest of Malaysia）一行，參訪世界宗教博物館。

04/03	靈鷲山佛教教團於世界宗教博物館舉辦「台灣宗教界南亞賑災聯合勸募感恩茶會」，斯里蘭卡大菩提基金會索比塔長老與會。
04/03	靈鷲山護法會於永和講堂舉辦「幹部春季會報」（北場）。
04/04～15	心道師父前往尼泊爾參訪、閉關之行，期間前往錫欽毘盧林寺，拜會寧瑪噶陀傳承上師毘盧仁波切，並應邀參加竹巴噶舉傳承持有者第十二世竹巴法王天龍彌陀寺院開光典禮。
04/05	靈鷲山蘭陽講堂與宜蘭縣政府共同啟建羅東壽園春季超薦法會。
04/07～09	靈鷲山法師銜心道師父之命，應邀參加第六屆「杜拜國際人道救援與發展研討暨博覽會」。
04/10～11	靈鷲山護法會於台南分院舉辦「幹部春季會報」（南場）。
04/10～11	靈鷲山台北講堂啟建「法華法會」。
04/11～12	靈鷲山無生道場舉辦第一場「與佛作朋友」學佛系列活動——「093山海修行體驗營」。
04/11	靈鷲山聖山寺藉福隆國小擴大舉辦春季祭典，啟建「共修《一切如來心秘密全身舍利寶篋印陀羅尼經》暨三大士施食焰口法會」。
04/13～15	靈鷲山富貴金佛蒞臨桃園縣立體育館舉辦之「泰國潑水節」現場，給予大眾加持。
04/18	靈鷲山無生道場啟建「大悲觀音度亡圓滿施食」法會。
04/18	靈鷲山無生道場「與佛做朋友」系列活動－第一場「哈佛族心生命探索營」於台中講堂啟營。
04/18	靈鷲山蘭陽講堂舉辦朝山活動。
04/19	靈鷲山無生道場舉辦「雲水禪一」活動。
04/21	靈鷲山佛教教團首座了意法師應邀至佛光大學「跨宗教對談經驗」校園專題，發表演講。
04/23～06/07	世界宗教博物館與台北以色列經濟文化辦事處合作舉辦「和平之書——以色列藝術家珂朵羅女士個展」，並於23日舉辦開展茶會。

04/24	靈鷲山佛教教團於台大國際會議中心召開2009「全球寧靜運動」記者會。
04/25	靈鷲山佛教教團於大安森林公園舉辦「全球寧靜運動暨萬人禪修」。
04/28	以色列駐台代表甘若飛（Raphael Gamzou）及藝術家珂朵羅女士等一行人，來山與心道師父進行宗教與藝術的對話、交流。
04/29～05/02	靈鷲山樹林中心啟建「華嚴懺暨瑜伽焰口法會」。
05	靈鷲山「愛與和平地球家（GFLP）緬甸計畫」於緬甸靈鷲山法成就寺舉辦2009年大雨托兒所小老師訓練營。
05/01～03	靈鷲山蘭陽講堂於佛陀聖誕舉辦「萬佛燈會暨八關齋戒」，心道師父親自為戒子傳戒，並為萬佛燈會舉行啟燈儀式、浴佛慶祝佛誕。
05/01～03	靈鷲山馬來西亞佛堂舉辦第一屆「快樂生活禪學佛營」。
05/02～03	靈鷲山無生道場舉辦第二場「與佛作朋友」學佛系列活動——「093山海修行體驗營」。
05/02	靈鷲山台南分院啟建「浴佛暨考生祈福法會」。
05/02	靈鷲山嘉義中心啟建「浴佛暨文殊法會」。
05/03	靈鷲山佛教教團於土城海山高工啟建「2009年水陸第四場先修——八關齋戒暨瑜伽焰口」法會，心道師父親臨傳戒並開示。
05/09	靈鷲山無生道場啟建「大悲觀音度亡圓滿施食」法會。
05/09	心道師父偕同第16屆「慈暉獎」十大傑出愛心媽媽們獲總統馬英九先生接見，之後並招待愛心媽媽們參觀世界宗教博物館。
05/09～10	國際扶輪3520地區青少年交換委員會帶領來自全世界各國的青年學子來山體驗佛教文化，心道師父特別教授禪修並開示。
05/09	靈鷲山蘭陽講堂與宜蘭縣政府共同啟建羅東壽園春季超度法會。
05/09	靈鷲山馬來西亞佛堂舉辦「浴佛節」活動。

05/10	心道師父應邀為東北角暨宜蘭風景管理處舉辦之「福隆沙雕藝術季」首座開展作品——靈鷲山「富貴金佛」灑淨。
05/11	世界宗教博物館舉辦「生命教育種子教師研習」活動，參訪台北清真大寺。
05/11～18	靈鷲山新莊講堂舉辦五臺山朝聖活動。
05/14	心道師父台東、花蓮弘法之行，期間於花蓮與學者舉辦一場「心靈白皮書」小型座談會。
05/14～15	靈鷲山無生道場舉辦「雲水企業禪」。
05/16	靈鷲山無生道場舉辦「雲水禪一」活動。
05/22	泰國老虎洞高僧龍波讚念長老一行來山參訪，並與心道師父會晤對談。
05/23～24	靈鷲山護法會舉辦「夏季幹部營暨新科委員授證儀式」，心道師父蒞臨開示。
05/24	靈鷲山三乘佛學院「與佛做朋友」系列活動，第二場「哈佛族心生命探索營」於蘭陽講堂啟營。
05/24	靈鷲山泰國講堂啟建「三時繫念法會」。
05/26	板橋地檢署及台北縣觀護志工協進會邀請觀護志工們參觀世界宗教博物館，並假宇宙創世廳舉辦端午節關懷活動。
05/30	交通部東北角風景管理處「2009福隆沙雕藝術季」正式開幕，心道師父應邀參加開幕式，並為活動祈福開示。
06/08	心道師父應邀出席沙烏地阿拉伯駐台辦事處舉辦之「歡迎涂奇親王來台晚宴」。
06/13	靈鷲山無生道場啟建「大悲觀音度亡圓滿施食」法會。
06/13	世界宗教博物館舉辦「藝文教師研習活動——參訪中和廣濟宮」。
06/14	靈鷲山三乘佛學院舉辦「與佛做朋友」系列活動，第三場「哈佛族心生命探索營」於台南分院啟營。
06/18	台北縣警察局林國棟局長帶領主管警官等一行來山體驗禪修，心道法師親自教授一分鐘禪及九分鐘禪。
06/19～26	心道師父展開馬來西亞暨緬甸弘法之行。

06/20～21	靈鷲山三乘佛學院於無生道場舉辦第三場「與佛作朋友」學佛系列活動——「093山海修行體驗營」。
06/20	靈鷲山高屏講堂舉辦「一日禪」活動。
06/20	靈鷲山花蓮共修處啓建「大悲法會」。
06/21	靈鷲山馬來西亞佛堂假Sunway大學，啓建「觀音薈供法會」，心道師父親臨主法。
06/23	靈鷲山佛教教團於緬甸仰光省滾良光地區舉行十六所學校聯合交接暨開學典禮；心道師父蒞臨主持，並於滾良光第一高中大禮堂開示。
06/24	靈鷲山無生道場舉辦「雲水禪一」活動。
06/28	靈鷲山無生道場舉辦開山二十六周年慶暨2009年水陸第五場先修——「阿彌陀佛度亡法會」等系列活動。
07	靈鷲山佛教教團偕同成功大學醫療團至緬甸為當地居民提供醫療服務，並為靈鷲山大雨托兒所的老師舉辦公共衛生教育課程訓練。
07/01～02	靈鷲山新莊講堂舉辦水陸研習課程。
07/02～10	心道師父展開歐洲「愛與和平交流之行」，期間，應邀參加瑞士「禪、卡巴拉及基督宗教的神秘主義」國際會議，隨後訪問波蘭奧斯威茲集中營紀念館，最後轉往央國伯明罕出席「伯明罕世界宗教博物館籌備委員會」會議。
07/02～05	心道師父應邀赴瑞士蘇黎世拉薩爾靈性中心（Lassalle Haus）參加「禪、卡巴拉及基督宗教的神秘主義」國際會議。
07/02	泰國法身寺一行參訪靈鷲山無生道場。
07/05	台灣生命教育學會「2009不一樣的青春～青少年生命教育體驗營」學員參訪世界宗教博物館。
07/06～08	心道師父應邀訪問波蘭奧斯威茲集中營紀念館，並與博物館執行長Dr.Piotr M.A.Cywinski、錫克教Bhai Sahib Dr. Mohinder Singh進行和平對談跟祈願。
07/09～10	心道師父應英國伯明罕世界宗教博物館籌委會邀請，擔任博物館籌委會主席，分享籌建宗博之經驗；期間參訪緬甸僧人Dr.Rewata Dhamma創建的Buddhist Pagoda，並拜會Dr. Uttara Nyana，以及參加錫克教伯明罕總部晨禱。
07/10	靈鷲山新莊講堂舉辦水陸研習課程。

07/11～14	靈鷲山無生道場舉辦2009年「大手牽小手，牽住佛的手」兒童學佛營。
07/11～12	靈鷲山台南分院舉辦「兒童佛學營」。
07/12	靈鷲山無生道場舉辦「雲水禪一」活動。
07/12	靈鷲山嘉義中心舉辦「嘉義區水陸功德主聯誼會」。
07/14	靈鷲山無生道場啓建「大悲觀音度亡圓滿施食」法會。
07/15	台北市東門國小、青少年育樂中心、家長聯合會等共同籌辦之「小小藝術家－圓夢計劃」夏令營學員參訪世界宗教博物館。
07/16	心道師父應邀出席交通部東北角風管處新舊任主任交接典禮。
07/18～19	靈鷲山佛教教團舉辦「大願隊水陸培訓」。
07/18～19	靈鷲山無生道場舉辦第四場「與佛作朋友」學佛系列活動——「093山海修行體驗營」。
07/19	音樂劇「歌劇魅影」劇團演員Jackie Rees與Sywan，參訪靈鷲山無生道場，心道師父親傳九分鐘寂靜禪法。
07/20～26	靈鷲山無生道場舉辦「雲水精進禪七」。
07/21	藏傳佛教竹巴噶舉傳承康祖仁波切一行來山拜會心道師父。
07/23～25	靈鷲山無生道場舉辦「僧眾共識營」。
07/23	靈鷲山三乘佛學院2009學年度初修部開始招生。
07/25	靈鷲山佛教教團舉辦「水陸志工教育訓練」。
07/26	靈鷲山台南分院舉辦「水陸功德主聯誼會」。
07/27～08/16	心道師父水陸前行閉關，回向靈鷲山2009水陸法會一切吉祥圓滿。

07/28	靈鷲山佛教基金會與世界宗教博物館發展基金會同獲內政部績優宗教團體獎。
08/01～02	靈鷲山佛教教團舉辦兩梯次2009年水陸法會志工教育訓練。
08/02	靈鷲山無生道場舉辦雲水企業禪。
08/02	靈鷲山台南分院舉辦「助念團聯誼會」。
08/06～07	世界宗教博物館與馬偕醫院共同主辦「生命關懷種子教師研習營」。
08/09	靈鷲山無生道場舉辦「雲水禪一」。
08/09	靈鷲山佛教教團於台南分院舉辦「臨終關懷培訓營」。
08/09	靈鷲山嘉義中心舉辦志工訓練及臨終關懷課程。
08/10	莫拉克颱風重創南台灣，靈鷲山佛教教團啟動賑災機制，發起「斷食一餐」送災區活動，並成立南區賑災中心、八八水災總部，展開救援行動。
08/13～15	靈鷲山蘭陽講堂進行八八水災街頭勸募活動。
08/14	緬甸南傳佛教尊者一行八人，在靈鷲山佛教教團安排下前往高雄縣署立旗山醫院超薦亡者，並慰問探視災民。
08/14～16	靈鷲山台南分院與蘭陽講堂分別發動千人上街勸募，邀請民眾一起為災民祝禱及愛心捐獻。
08/17	靈鷲山無生道場啟建「大悲觀音度亡圓滿施食」法會。
08/17	靈鷲山南區賑災中心捐贈災區發電機，及民生物資進入災區；並為罹難者舉辦頭七法會讚經超度。
08/17～30	靈鷲山台東講堂志工協助八八風災受災戶清理家園。
08/18	靈鷲山佛教教團舉辦「2009年水陸空大法會」記者會，心道師父於會中強調「戒殺茹素」，以素食來響應地球環保。
08/18	旅居美國的國學大師葉曼女士參訪世界宗教博物館，並舉辦一場小型座談。

08/19～26	靈鷲山佛教教團於桃園縣立體育館啓建「以寧靜療癒地球——2009年水陸空大法會」，並為「八八水災」罹難者以及「二次大戰期間大屠殺六百萬猶太亡靈」設立超薦牌位。
08/20	以色列台北經濟文化辦事處代表甘若飛蒞臨靈鷲山水陸法會現場，為大會所設立的「二次大戰期間大屠殺六百萬猶太亡靈」超薦牌位拈香。
08/21	靈鷲山佛教教團於世界宗教博物館舉辦第二屆「懺悔的宗教意義」兩岸學術專題講座暨座談會，邀請中國人民大學張風雷教授，及中國上海師範大學侯沖教授發表專題講座。
08/22	靈鷲山佛教教團於桃園巨蛋體育館水陸法會現場舉辦「水陸法會的傳統與現在」座談會，邀請張風雷、侯沖兩位中國學者，以及洪錦淳、白金銑等與心道師父展開座談、對話。
08/23	台灣歌仔戲名人唐美雲與許秀年同赴靈鷲山水陸法會體悟懺法，並向心道師父請法皈依。
08/24	靈鷲山佛教教團於水陸法會期間，舉辦2009年第三次齋僧大會，禮請心道師父為主齋法師。
08/24	靈鷲山佛教教團募集的救援物資在桃園東林吉普車隊協助下援助阿里山來吉村。
08/25	靈鷲山佛教教團於水陸法會現場舉辦「贊普白米捐贈儀式」，由心道師父與桃園縣長朱立倫共同主持。
08/27～28	靈鷲山佛教教團舉辦「海外信眾尋根之旅」暨海外功德主聯誼餐會，與心道師父相聚，分享參與水陸法會的心得與體驗。
08/28	高雄鳳山佛蓮社－美濃天明寺住持慧安法師、里港靜修精舍住持宗願法師與仁武法光寺住持證慧法師等一行參訪靈鷲山無生道場，並與心道師父會晤。
08/31	靈鷲山聖山寺舉辦金佛園區金佛殿圓頂「九品蓮花金剛鈴」安座大典。
09/01	靈鷲山泰國區護法陳淑雲女士與泰國講堂執行長劉秉二先生，獲任命為泰國僑務委員。
09/05	靈鷲山無生道場啓建「大悲觀音度亡圓滿施食」法會。
09/05	心道師父昔日龍潭陸軍士校同窗校友，於靈鷲山無生道場舉辦校友聯誼會，並發起「陸軍士校聯誼基金」。
09/05	靈鷲山蘭陽講堂與宜蘭縣政府共同啓建羅東壽園秋季超度法會。
09/06～08	靈鷲山三乘佛學院第七屆初修部開學典禮，心道師父蒞臨主持並做圓滿開示。

09/07	行政院於高雄巨蛋體育館舉行「八八水災全國追悼大會」，靈鷲山法師率領近兩百名信眾前往獻花致意。
09/11～13	靈鷲山無生道場舉辦「斷食雲水禪三」。
09/12	心道師父台南弘法。
09/12	靈鷲山永和講堂與當地社區合作共同啟建「中元普度法會」。
09/13～23	靈鷲山無生道場舉辦秋季內眾精進禪十閉關。
09/13	靈鷲山新莊講堂舉辦「水陸願力委員聯誼」活動。
09/16	南投縣政府舉辦「九二一地震十周年感恩記者會」，靈鷲山佛教基金會受邀出席，接受重建學校校長以及地方政府的感謝與感恩。
09/17	心道師父發起持誦百萬遍《一切如來心秘密全身舍利寶篋印陀羅尼經》，回向消弭H1N1疫情。
09/18	靈鷲山佛教教團於世界宗教博物館舉辦「H1N1防疫講座」，說明如何正確認識及預防H1N1新流感。
09/19	靈鷲山蘭陽講堂與桃園講堂共同舉辦「小礁溪閉關中心精進一日禪」。
09/20	靈鷲山新莊講堂舉辦「大願隊志工聯誼」活動。
09/22	心道師父為歌仔戲名伶唐美雲主持「短期出家」暨「八關齋戒」授戒儀式，盼其虔敬詮釋以《慈悲三昧水懺》為本的「宿怨浮生」劇碼，且演出圓滿順利。
09/25	心道師父及靈鷲山僧眾受邀前往國家劇院欣賞唐美雲歌仔戲演出「宿怨浮生」。
09/26～27	靈鷲山護法會於無生道場舉行秋季幹部營暨「中秋同心緣晚會」，心道師父蒞臨晚會與大眾團圓同樂。
09/27	靈鷲山花蓮共修處舉辦「回山供僧」。
09/29～11/20	靈鷲山新莊講堂舉辦「社區防疫宣導活動」。

10/02	靈鷲山佛教教團於嘉義縣政府中庭廣場舉辦「安心就學不中輟　別讓大水沖斷上學的路　八八水災安家助學金捐贈」記者會。
10/04	靈鷲山台南分院啟建「大悲觀音法會」。
10/04	靈鷲山台中講堂於台中市忠信國小啟建「觀音薈供法會」，由心道師父親臨主法。
10/04	靈鷲山嘉義中心啟建「藥師佛法會」。
10/05	中國大陸福建三盛地產集團一行，於靈鷲山無生道場體驗一日企業禪，心道師父親授「平安禪」。
10/07～13	靈鷲山佛教教團首度於新加坡啟建水陸空大法會，新加坡佛教耆宿隆根長老蒞臨法會現場拜會心道師父及主壇和尚戒德長老。
10/13	印度瑜伽宗師馬哈拉甲大師與中華民國瑜伽協會一行，參訪世界宗教博物館；大師盛讚心道師父創辦世界宗教博物館的發願，「做了一件對全人類很有幫助的事！」。
10/14～11/01	世界宗教博物館推出「墨西哥死亡節嘉年華」特展，展出期間並舉辦兩場「親子玩藝工作坊」。
10/17	靈鷲山佛教教團應邀出席高雄縣政府舉辦的「走過風災，攜手重建」感恩祈福活動，縣長楊秋興親自頒獎表揚包括靈鷲山佛教教團等各慈善團體。
10/19～20	泰國龍波讚念長老繼五月來訪後，再度來山參訪，並與心道師父會晤，期間主講一場「內觀行課程」。
10/20	藏傳佛教寧瑪噶陀五黃金法台傳承持有者之一的第五世格則仁波切來山參訪，並與心道師父會晤。
10/21	泰國龍波讚念長老等一行參訪世界宗教博物館。
10/24	靈鷲山聖山寺於福隆國小啟建「秋季祭典暨大悲觀音度亡圓滿施食」大法會，心道師父親臨主法。
10/25	心道師父壽誕，四眾弟子齊聚無生道場，以精進朝山供養，祈願上師長久住世、法體康泰。
10/27	心道師父應邀參加交通部東北角風景管理處舉辦「芒花物語——2009草嶺古道芒花季」百人敲鐘祈福揭幕儀式。
10/27	斯洛維尼亞人類學博物館亞非館館長Mr.Ralf Ceplak Meninc一行，參訪世界宗教博物館。
10/27	墨西哥駐台北辦事處慕東明處長（Lic Martin Mu．oz Ledo Villegas）偕其夫人一行，參訪世界宗教博物館。

10/31	靈鷲山基隆講堂於基隆正濱國小禮堂啟建「觀音薈供法會」，心道師父親臨主法。
11/01	靈鷲山桃園講堂舉辦「精進禪一」。
11/02	中國大陸「東南第一叢林」──江蘇常州天寧寺住持松純法師來山參訪，並與心道師父會晤。
11/04～08	靈鷲山永和講堂啟建「梁皇寶懺暨瑜伽燄口法會」。
11/07	中國大陸敦煌研究院院長樊錦詩等一行參訪世界宗教博物館，並與江韶瑩館長晤談。
11/08	靈鷲山台南分院舉辦「水陸功德主聯誼會」。
11/09	世界宗教博物館開館八周年館慶活動，心道師父及館長江韶瑩與各界人士共聚歡度周年慶。
11/09～2010/06/06	世界宗教博物館推出「慈悲．自在──遇見觀音」及「台灣宗教建築縮影系列Ｉ──艋舺龍山寺建築模型展」兩大特展。
11/13	靈鷲山無生道場啟建「大悲觀音度亡圓滿施食」法會。
11/13～19	靈鷲山無生道場舉辦「雲水禪七」。
11/14	靈鷲山護法會於永和講堂舉辦「2009年全國儲備委員精進營（西區以北）」。
11/15	靈鷲山佛教教團於三重修德國小啟建「2010年水陸空大法會第一場先修法會──藥師普佛暨三時繫念法會」。
11/15	靈鷲山台南分院舉辦「水陸願力暨功德主聯誼會」。
11/20	中國佛教協會副會長釋本性法師，率福建省佛教教育訪台交流團一行參訪靈鷲山無生道場，並拜會心道師父。
11/20	中國社會科學院王志遠博士率社科院師生偕企業界人士、南京定山寺智光法師等一行人，參觀世界宗教博物館。
11/22	靈鷲山台南分院舉辦「2009愛在鳳凰城園遊會暨第七屆普仁獎助學金頒獎典禮」。
11/23	靈鷲山台東中心舉辦「回山供僧」。
11/26～28	靈鷲山無生道場舉辦「全山法師共識營」。

11/28	靈鷲山高屏講堂舉辦「一日禪」活動。
11/29	靈鷲山桃園講堂於桃園青溪國小啟建「觀音薈供」法會，心道師父蒞臨主法。
11/29	世界宗教博物館成立「生命教育中心」，並於12月5日舉辦掛牌儀式，種下「樂活」與「幸福」的種籽。
12/02～06	靈鷲山基隆講堂啟建「梁皇寶懺暨瑜伽焰口法會」。
12/03～09	心道師父率靈鷲山代表團出席於澳洲墨爾本國際會議中心召開的「第五屆世界宗教大會—世界大不同：聆聽彼此，療癒地球」，師父於大會上以「寧靜」為獻禮，帶領大眾修習「一分鐘禪」，為世界祈福；期間舉辦一場「回佛對談」，以及主持「宗教及靈性團體在衝突及調解中扮演的角色」系列座談，並於閉幕大會上代表做座談總結。
12/04	靈鷲山佛教教團於澳洲墨爾本世界宗教大會期間舉辦第十一次「回佛對談」，心道師父以「在追求公義中締造和平」為題發表演說。
12/05	靈鷲山佛教教團於台北市長官邸藝文沙龍「表演廳」舉行「2009第八屆宗教文學獎」頒獎典禮。
12/05	世界宗教博物館舉辦生命教育中心正式掛牌啟用儀式暨「美的延伸線」生命教育專輯新書發表會及生命領航員第六屆年會。
12/06	心道師父以佛教代表身分於世界宗教大會期間出席以利亞宗教交流協會（Elijah Interfaith Institute）舉辦的「全球視野下的宗教領導」研討會。
12/06	靈鷲山中壢中心於平鎮市義興里集會所啟建「超度報恩地藏法會暨施食焰口」。
12/07	心道師父於世界宗教大會期間出席「東亞宗教的生態觀」研討會，並於會後接受英國BBC訪問，關心宗教與地球環保議題。
12/09	心道師父於第五屆世界宗教大會閉幕大會上，代表「宗教及靈性團體在衝突及調解中扮演的角色」系列座談做總結報告。
12/11	台北縣政府舉辦「2008年度興辦公益慈善及社會教化績優宗教團體表揚大會」頒獎典禮，靈鷲山無生道場獲頒「社會教化」獎項。
12/12～13	靈鷲山護法會於無生道場舉辦「護法會幹部冬季營」活動，全台護法幹部一同回山、精進學習。

12/14	靈鷲山花蓮共修處「回山供僧」。
12/19～26	心道師父率領靈鷲山一行，前往緬甸供萬僧朝聖行腳，期間並於仰光市主持「肯瑪碧瑟亞」（意為無危難勝利）戒壇重修後的開光典禮，禮讚佛法傳承。
12/19	靈鷲山無生道場啓建「大悲觀音度亡圓滿施食」法會。
12/19～20	靈鷲山無生道場舉辦「國際扶輪YEP宗教體驗營」，來自各地的國際學生體驗佛教及禪修文化。
12/19	靈鷲山護法會於台南分院舉辦「中區以南儲委精進營」。
12/20	靈鷲山佛教教團於高雄漢神巨蛋廣場舉辦高屏地區「第七屆普仁獎學金」頒獎典禮及「慈悲與禪園遊會」。
12/20	靈鷲山無生道場舉辦「雲水禪一」活動。
12/20	靈鷲山寂光寺啓建「年終圓滿補闕法會——三時繫念」。
12/20	靈鷲山桃園講堂啓建「三時繫念法會」。
12/26	靈鷲山佛教教團於永和太平洋百貨八樓舉辦台北縣「第七屆普仁獎學金」頒獎典禮，並邀請獲獎學生及家屬參觀世界宗教博物館。
12/27	靈鷲山佛教教團於嘉義中心舉辦嘉義地區「第七屆普仁獎學金」頒獎典禮。
12/27	靈鷲山佛教教團於台北講堂舉辦台北市「第七屆普仁獎學金」頒獎典禮及歲末聯誼活動。
12/27	靈鷲山佛教教團於蘭陽講堂舉辦宜蘭地區「第七屆普仁獎學金」頒獎典禮及百萬悲願共修活動。
12/30	靈鷲山佛教教團於國軍高雄鳳雄營區舉辦關懷八八水災受災戶愛心送暖活動。
12/31	靈鷲山「愛與和平地球家」在緬甸果目及滾良光兩地區，分別舉辦「佛國種子獎助學金頒贈典禮」。

轉動・慈悲・觀自在

——靈鷲山2009弘法紀要

總 監 修	釋心道
總 策 劃	釋了意
編 審	靈鷲山文獻中心
主 編	釋法昂、陳坤煌
執 行 編 輯	陳俊宏、彭子睿
封 面 設 計	王鳳梅
美 術 設 計	王鳳梅
圖 片 提 供	靈鷲山攝影組志工、世界宗教博物館、靈鷲山資網中心
發 行 人	楊麗芬
出 版 者	財團法人靈鷲山般若文教基金會附設出版社
法 律 顧 問	永然聯合法律事務所
發 行 者	地球書房文化事業股份有限公司
地 址	23444台北縣永和市保生路2號17樓
電 話	(02)2232-1008
傳 真	(02)2232-1010
網 址	www.093.org.tw
總 經 銷	成信文化事業股份有限公司
地 址	23148台北縣新店市中正路四維巷二弄2號4樓
電 話	(02)2219-2080
傳 真	(02)2219-2180
劃 撥 帳 戶	地球書房文化事業股份有限公司
劃 撥 帳 號	19888178
初 版 一 刷	2010年02月
定 價	420元
I S B N	978-986-6324-04-8（平裝）

國家圖書館出版品預行編目資料

轉動・慈悲・觀自在／釋法昂、陳坤煌主編.——

初版.——

臺北縣永和市：靈鷲山般若出版，2010.02　面；　公分

ISBN 978-986-6324-04-8（平裝）

1.佛教教化法 2.佛教說法

225.4　　　　　　　　　　　99001299